本书系吉林省社会科学基金项目
“‘一带一路’战略下中国政治话语域外传播与翻译转换研究”阶段性成果（项目编号：2018B36）

唐利芹◎著

当代汉语和英语翻译研究

DANGDAI HANYU HE YINGYU FANYI YANJIU

安徽师范大学出版社
·芜湖·

责任编辑:潘　安
责任校对:汪碧颖
装帧设计:张　玲
责任印制:桑国磊

图书在版编目(CIP)数据

当代汉语和英语翻译研究 / 唐利芹著 . —芜湖:安徽师范大学出版社,2020.5

ISBN 978-7-5676-3573-9

I. ①当… II. ①唐… III. ①英语—翻译—教学研究 IV. ①H315.9

中国版本图书馆CIP数据核字(2020)第077516号

当代汉语和英语翻译研究

唐利芹◎著

出版发行:安徽师范大学出版社
　　　　芜湖市九华南路189号安徽师范大学花津校区
网　　址:http://www.ahnupress.com/
发 行 部:0553-3883578　5910327　5910310(传真)
印　　刷:江苏凤凰数码印务有限公司
版　　次:2020年5月第1版
印　　次:2020年5月第1次印刷
规　　格:700 mm × 1 000 mm　1/16
印　　张:10
字　　数:110千字
书　　号:ISBN 978-7-5676-3573-9
定　　价:38.00元

序

改革开放以来，我国社会主义建设事业蒸蒸日上，成果喜人，引起了世界各国的普遍关注，越来越多的国家想了解我国悠久的历史、丰富的文化、充满活力和机遇的当下生活。多年来，我国政府一贯倡导建立文化自信与文化自觉，不断加快改革开放的步伐，积极参与“经济、政治和文化全球化”的浪潮，努力做好“地球村”建设，并与其他国家分享中国特色社会主义建设的成功经验。因此，为了适应全球化和国际化的发展趋势，加强与世界各国的交流与合作，我国很多大专院校始终坚持并且不断加强外语翻译学科的建设工作，大力培养各类型、各层次的翻译人才。目前，语言翻译已经成为一些高校着力打造的重要对象，“英语翻译”甚至由一门课程发展为一个专业。

汉语和英语都属于联合国的工作语言，在世界范围内得到广泛使用。以汉语为母语的人口，稳居世界第一，而且随着我国改革开放日益深入，我国的社会发展和经济发展日益受到其他国家和地区的关注，汉语的学习者、使用者日益增多，汉语在国际交流中承担着越来越重要的交际作用。以英语为官方语言的国家，目前有几十个，加上其他国家和地区的英语学习者和英语使用者，使得英语成为当今世界相互交流的重要载体。在这个世界上，汉语是使用人口最多的语言，而英语是分布面积最广的语言。汉语翻译为英语，英语翻译为汉语，其必要性、重要性日益突出。

改革开放初期，国内需要引进国外先进的技术和设备，引进国外成功的企业管理经验，"英译汉"曾经发挥了重要作用；经过四十多年的发展，我国强调由"中国制造"向"中国创造"转型，"汉译英"有助于实现"走出去"的目标。

从媒体来看，《中国日报》(https://cn.chinadaily.com.cn)既有"中文版"又有"英文版"，人民网(http://www.people.com.cn)在"中文版"的同时有包含"英文版"在内的多个版本，中央电视台专门设有外语频道(如英语频道)，等等。外语翻译人才特别是对英语翻译人才需求量一直在增大。

翻译工作要从小处做起，日积月累，厚积薄发，要有耐心，是一门细致活。但是，"翻译无小事"，在逐字逐句成段成篇的翻译中，涉及对原作的准确理解、对目标语的精准把握，可能"失之毫厘，谬以千里"，因此以点带面、挖掘规律的"翻译研究"渐成气候，反哺到我国大专院校的外语教育上，吸引一批批学力高、视野开阔、有留学经历的年轻教师加入"翻译研究"的队伍，涌现出一批批可圈可点的相关研究成果。唐利芹的新著《当代汉语和英语翻译研究》恰逢其时，应时而作，值得一读。

该书共有六章，分为三个部分：第一部分即前两章，作者广泛搜集当代尤其是当下我国经济社会发展中的高频词汇汉语英译的案例，认真爬梳，以国家权威部门的相关翻译为规范，科学分析同一汉语词汇不同译法的细微区别。第二部分即第三、第四章，重在提炼英语翻译的方法、路径与策略，注重合理利用翻译语料库。第三部分即最后两章，重点研究大专院校外语课程设置与人才培养问题，并就专门用途的英语教学与翻译问题开展了研究。本书可供大学英语翻译学科的师生阅读，也可为一线翻译人员提供丰富的经验。

在大量的翻译事实中发掘出简明的翻译规律，将翻译工作与翻译学科、翻译专业、翻译人才的建设结合起来，并且细致到专门用途的翻译工作，这大体显示出翻译研究的范围。本书的出版，是作者现阶段翻译研究的终点，也是作者进一步研究的起点。翻译研究，大有可为！

是为序！

吉林师范大学大学外语部主任、教授　矫福军

二〇二〇年三月二十五日

目　录

第一章 “‘一带一路’倡议”概念的域外传播与翻译

当前，世界对中国的关注越来越多，中国文化传播也变得越来越广泛，这当中中国政府及相关人员的汉语交际起到了极为重要的作用。虽然，世界对中国的解读大体趋于真实、客观，但是，全球话语体系仍然主要通过英语来加以表达，国际话语权仍然由西方少数国家主导。由于一些西方国家对中国文化的解读“不准确”，特别是对当今中国政治话语的解读“不忠实”，甚至产生妖魔化的解读与翻译，直接或间接地影响了中国良好国际形象的树立。

随着中国改革开放进程的不断推进，中国各方面的建设成果令人瞩目，中国正在复兴，中国与世界的交往日益频繁。利益的冲突时有发生，意识形态方面的挑战不容忽视。在语言文化方面，我国的政治话语涉及最新概括的、高度抽象的特定词汇，对内传播尚需仔细地解读、领会，更何况要让外国人理解！这种文化和语言的差异给中国政治话语域外传播带来挑战。

翻译能力滞后于对外开放的步伐，政治话语域外传播渠道单一、方式单一，制约了我国政治话语和新兴文化走出去。虽然改革开放以来我国整体翻译水平有了很大提高，但仍然跟不上国际国内形势发展的需要。尤其是一些核心政治词汇的翻译，外国媒体自己翻译报道，难以统一，影响到域外受众的准确理解。在过去的一段时间里，我国一些重要文件，缺乏便于外国人理解的简写本，翻译时大多关注的是语言本身的翻译，很少考虑到文化差异，很少关注相关背景，不注重隐喻，从而产生交流障碍，容易产生误解。

本章以"'一带一路'倡议"概念的域外传播与翻译为例，揭示我国政治话语域外传播与翻译面临的一些问题与挑战。

第一节 “‘一带一路’倡议”英文翻译经历的尴尬境地

“‘一带一路’倡议”的英文翻译，媒体曾经使用“One Belt and One Road”，有时还会在其后加上“Program”或“Strategy”，造成了英文表述不一致甚至混乱的情况，甚至为别有用心的人所曲解、利用。故而，规范其翻译有必要性。美国政治学家 Harold Dwight Lasswell 把传播的过程归纳为五个要素的互动关系与活动过程——5W 模式，即：Who（谁），Says what（说什么），In which channel（通过什么渠道），To whom（对谁），With what effects（取得什么效果）。这可以帮助我们研究“‘一带一路’倡议”的英文翻译。

2013 年 9 月和 10 月，习近平同志在出访中亚和东南亚国家期间，先后提出共建“丝绸之路经济带”（the Silk Road Economic Belt）和“21 世纪海上丝绸之路”（the 21st Century Maritime Silk Road）的重大倡议，简称“一带一路”，得到国际社会的高度关注。

2015 年 6 月 15 日，环球网发表中央党校国际战略研究所赵磊先生的文章《“一带一路”英文译法应尽早明确》[①]。该文考虑到国外媒体的

① 赵磊.“一带一路”英文译法应尽早明确[N/OL].(2018-06-12)[2015-06-15]. http://opinion.huanqiu.com/ opinion_world/2015-06/6683283.html?agt=15438.

宣传报道，指出“一带一路”的英文翻译处于尴尬境地。

首先，“一带一路”的英文翻译不应和“战略”（Strategy）挂钩，而应强调“倡议”（Initiative）的性质。这主要是向国际社会表明，“一带一路”提出的宗旨，不是服务于中国一国外交政策的工具，不是进行地缘战略博弈的筹码，而是中国推动的国际公共产品，可以为沿线以及国际社会的发展提供极大的便利。

但“‘一带一路’倡议”的英文翻译“the Belt and Road Initiative”，缩写即“BARI”，这容易让人产生歧义：因为该缩写已经有特定的指代，即意大利东南部的港口城市“巴里”（Bari）。

如果把“倡议”（Initiative）略去，将“BARI”变为“BAR”，又容易让人联想到“酒吧”（bar）。

有人建议，把“the”加进去，缩写变为“TBAR”。但这个缩写在电脑编程系统中代表“内置工具栏”（Built-in toolbar，TBAR），不但生僻，而且发音晦涩。

其次，“一带一路”的英文翻译“One Belt One Road”也并不忠实于中文原意。原因是“一带一路”所指的丝绸之路不止两条，除了“陆上丝绸之路”“海上丝绸之路”之外，还有第三条：经内蒙古到蒙古国和俄罗斯远东的“草原丝绸之路”。还有人指出第四条：经云南、贵州通往南亚的“茶马古道”。实际上，中国历史上的“丝绸之路”，在不同的时间、不同的空间，不是狭隘意义上的“一”条路，而是“数路”并进的，并且每一条路有数不完的众多分支。两个“一”有特定含义，直接翻译为两个“one”，由“不准确”而变为“不对”。

“One Belt One Road”缩写为“OBOR”。在笔者采访的国外专家学者中，他们大多在“熟练”地使用“OBOR”。有人声称，这个简称中的两个“O”形象饱满，书写美观，汇聚智慧，体现了“一带一路”的中立立场，等等。这种说法实在有些牵强。

其实，“OBOR”也会让人产生误解。“OBOR”是地名，如俄罗斯、苏丹的“奥博尔”（Obor）。“OBOR”又是巨蜥的一种，如Varanus Obor（英文俗称Torch monitor或者Sago monitor）。“OBOR”还是日本动漫或小说中的恶魔名称。

最后，美国人对“一带一路”的翻译，主要有两种：“One Belt One Road”，以及“New Silk Road Initiative”。上面已经指出“One Belt One Road”英文翻译有不妥之处，“New Silk Road Initiative”也有不妥之处。

2011年美国提出“新丝绸之路计划”（New Silk Road Initiative）。中国的“‘一带一路’倡议”，实质上与之完全不同，英文翻译当然不能与之相同，否则会产生混淆、误解。

总之，“‘一带一路’倡议”概念的英文翻译，不能像美国媒体翻译的那样是“One Belt One Road”或“New Silk Road Initiative”，其缩写“BARI”“BAR”“TBAR”或“OBOR”均有不妥之处。

第二节 “‘一带一路’倡议”概念英文译法中“一”的探讨

2015年8月13日，中国社会科学网发表黄语生的文章《“一带一路”译法刍议》[1]。他提出“一带一路”的英文翻译“One Belt，One Road Initiative” 或“One Belt and One Road Initiative”欠妥当，理由如下：

从“源语言”汉语角度看，将“一带一路”翻译成“One Belt One Road”，是将这一结构中的“一”作为数词“一”来理解。这不够准确，甚至是错误的。

“一带一路”的简称，套用了汉语中常见的四字结构的形式，但实际上其语义与那些四字结构的语义不完全相同。

在那些四字结构中，“一”字表示数的意义突出。

或表示“单一”，如“一心一意”；

或表示“每一”，如“一饭一粥”；

或表示“同一”，如“一模一样”。

而在“一带一路”中，“一”并没有实指意义，而是指代“抽象事物”，主要用以平衡句子结构。

① 黄语生.“一带一路”译法刍议[N/OL].(2018-06-13)[2015-08-13].http://www.cssn.cn/yyx/yyx_ywjz/201508/t20150813_2118712.shtml.

汉语常用数字的形式对一些重要概念予以概括，如“四项基本原则”“三个代表”“‘两个一百年’奋斗目标”“四个全面”等。这种概括符合语言的经济性、传播的简洁性原则，是汉语讲求对称平衡特点的生动体现。这些数字本身带有明确的数量含义。对于这些概念的翻译，通常的方法是保留其数字。如：

四项基本原则

（the Four Cardinal Principles）

三个代表

（the Three Represents）

三步走

（the three-step strategic plan）

三大攻坚战

（three critical battles against risk management, poverty reduction and pollution control）

三通

（three direct links, i.e., direct links in post, trade and transportation）

“两个一百年”奋斗目标

（the Two Centennial Goals）

四个全面

（the Four-pronged Comprehensive Strategy）

五位一体

（the Five-sphere Integrated Plan）

但也有省略其数字的，如：

"三农"工作

(the work related to agriculture, rural areas and farmers)

照此推理,将"一带一路"译成"One Belt One Road",实际上存在不妥之处。前面已经谈到,"一带一路"所指的路不止两条,除了"陆上丝绸之路""海上丝绸之路",还有"草原丝绸之路",还有"茶马古道"。国外部分媒体已经注意到了这一点,在翻译时直接将"一"字省去,译成"Belt and Road Initiative"。

从"目的语"英语角度分析,国外媒体之所以很少用"One Belt One Road"的译法,是因为在英语中,"one...one..."结构中的"one",主要表达数量意义:

一为"every""each"或"any"(每一个、任何一个)。如:"One person, one vote."(一人一票。)

二为"the same"(同一)。如:"One World, One Dream."(同一个世界,同一个梦想。)

"一带一路"如果译成"One Belt One Road",很容易误导英文读者。

有译者就强调不能直译,不翻译出"一",而应该适当考虑意译。

澳大利亚媒体人员曾经提到"Silk Road",抓住了中国古代"丝绸之路"的历史意蕴,具有一定影响。

我国相关人员在美中关系论坛演讲时,曾经译为"land and maritime Silk Road programs",当时被认为是佳译。

黄语生教授认为,从传播学和语用学的角度,将"一带一路"译为"Silk Belt and Road Initiative",能够展现出鲜明的中国特色,是较为理想的选择。这有以下三点理由:

首先，它保留了举世皆知的"Silk Road"（丝绸之路），使中国古代"丝绸之路"丰富而积极的联想意义得以延续并且发扬光大。

其次，它保留了不少人已经熟知的"Belt"和"Road"两个词，有利于译文的继续传播及广泛接受。

最后，将"Belt"一词放在"Silk"之后，不仅形神兼具，还可避免与美国的"New Silk Road Initiative"混淆，防止别有用心的人将二者混为一谈。

黄语生教授还认为，将"Silk Belt and Road Initiative"缩写形式定为"SBRIN"，与常用英文人名"Sabrina"音近，简单易记，又与"spring"（春天）音近，让人容易联想到生机无限的春天。

第三节　国家相关部门对"'一带一路'倡议"概念英文译法的规定

从前文可知,"'一带一路'倡议"概念的英文译法涉及众多外媒对这个概念的准确认知,影响到英文读者对这个概念的正确理解,有可能被别有用心的人故意曲解。

国家相关部门对此高度重视,经过研究,决定对"'一带一路'倡议"概念的英文译法进行规范,要求在对外正式文件(英文版)中,按照以下要求执行:

(1)作为全称,"丝绸之路经济带和21世纪海上丝绸之路"要翻译成"the Silk Road Economic Belt and the 21st-Century Maritime Silk Road"。

(2)作为简称,"一带一路"要译为"the Belt and Road",缩写用"B&R"。

(3)作为补充,"一带一路"是一种倡议(initiative),而不是一种战略(strategy)、项目(project)、计划(plan)或规划(agenda)等。另外,"initiative"要用单数,而不是复数。

(4)在非正式场合,可视情使用"the land and maritime Silk Road initiative"。

2018年9月8日，我国相关部门发布了'一带一路'倡议"概念的英文版，使用了" the Belt and Road Initiative"说法。这个版本用英语详细解释了"The Belt and Road Initiative"的起源及内涵：

The Belt and Road Initiative refers to the proposal to build a Silk Road Economic Belt and a 21st Century Maritime Silk Road. During his visits to Central and Southeast Asia in September and October 2013, Chinese President Xi Jinping unveiled the initiatives of building the Silk Road Economic Belt and the 21st Century Maritime Silk Road in cooperation with related countries, and laid out policy coordination, facilities connectivity, unimpeded trade, financial integration, and people-to-people bonds as the five major goals.

"一带一路"是"丝绸之路经济带"和"21世纪海上丝绸之路"的简称。2013年9月和10月，中国国家主席习近平出访中亚和东南亚时，分别提出了与相关国家共同建设"丝绸之路经济带"和"21世纪海上丝绸之路"的倡议。该倡议以实现"政策沟通、设施联通、贸易畅通、资金融通、民心相通"为主要内容。

简称"B&R"，在与其他表述搭配时，可以进一步简化为2个字母，即"BR"。如"一带一路"国际合作高峰论坛，英文表达为"Belt and Road Forum for International Cooperation"，简称"Belt and Road Forum"，可以进一步简称，即"BRF"。

中国翻译研究院在"一带一路"国际合作高峰论坛圆桌峰会联合

公报中就曾这样翻译:

Chinese President Xi Jinping chairs the Leaders' Roundtable Summit at the Belt and Road Forum (BRF) for International Cooperation at Yanqi Lake International Convention Center in Beijing, capital of China, May 15, 2017.

"Belt and Road Forum",可不可以简称为"BARF"? 答案是:不妥当。

"BARF"或"barf",只有一个音节,容易发音,但其含义是"呕吐"(义同vomit、puke等)。在英语中,一个包含3到4个字母的简称,可能是几十个全称的缩写,还原后可能出现贬义。据调查,"BARF"的全称有30多个,多数涉及贬义;"BRF"的全称有80多个,很少涉及贬义。这说明,在英文表达的缩写过程中,需要慎之又慎,以免"高大上"沦为"三俗",惹出笑话而不自知。

第四节 “‘一带一路’倡议”若干翻译资料

2013年9月和10月，中国国家主席习近平出访中亚和东南亚期间，首次提出“一带一路”重大倡议，即与沿线国家共建“丝绸之路经济带”和“21世纪海上丝绸之路”。

The Belt and Road Initiative — China's proposal to build a Silk Road Economic Belt and a 21st Century Maritime Silk Road in cooperation with related countries — was unveiled by Chinese President Xi Jinping during his visits to Central and Southeast Asia in September and October 2013.

“一带一路”建设工作领导小组主要研究国家规划、政策、项目等重大问题，为“一带一路”倡议的实施提供指导，进行协调。

A steering group for the Belt and Road Initiative has been established at the national level to study important issues related to planning, policy, and projects, and to provide guidance and coordination in the implementation of the initiative.

2000多年前，亚欧大陆上勤劳勇敢的人民，探索出多条连接亚欧非几大文明的贸易和人文交流通路，后人将其统称为“丝绸之路”。

千百年来，“和平合作、开放包容、互利共赢”的丝绸之路精神薪火相传，推进了人类文明进步，促进了沿线各国繁荣发展，是东西方交流合作的象征，是世界各国共有的历史文化遗产。

“一带一路”建设是一项系统工程，要坚持共商、共建、共享原则，积极推进沿线国家发展战略的相互对接。

“一带一路”致力于亚欧非大陆及附近海洋的互联互通，建立和加强沿线各国互联互通伙伴关系，构建全方位、多层次、复合型的互联互通网络，实现沿线各国多元、自主、平衡、可持续的发展。

“一带一路”的互联互通项目将推动沿线各国发展战略的对接与耦合，发掘区域内市场的潜力，促进投资和消费，创造需求和就业，增进沿线各国人民的人文交流。与文明互鉴，让各国人民相逢相知、互信互敬，共享和谐、安宁、富裕的生活。

More than two millennia ago the diligent and courageous people of Eurasia explored and opened up several routes of trade and cultural exchanges that linked the major civilizations of Asia, Europe and Africa, collectively called the Silk Road by later generations.

For thousands of years, the Silk Road Spirit — “peace and cooperation, openness and inclusiveness, mutual learning and mutual benefit” — has been passed from generation to generation, promoted the progress of human civilization, and contributed greatly to the prosperity and development of the countries along the Silk Road. Symbolizing communication and cooperation between the East and the West, the Silk Road Spirit is a historic and cultural heritage shared by all countries around the world.

The Belt and Road Initiative is a systematic project, which should be jointly built through consultation to meet the interests of all, and efforts should be made to integrate the development strategies of the countries along the Belt and Road.

The Belt and Road Initiative aims to promote the connectivity of Asian, European and African continents and their adjacent seas, establish and strengthen partnerships among the countries along the Belt and Road, set up all-dimensional, multitiered and composite connectivity networks, and realize diversified, independent, balanced and sustainable development in these countries.

The connectivity projects of the Initiative will help align and coordinate the development strategies of the countries along the Belt and Road, tap market potential in this region, promote investment and consumption, create demands and job opportunities, enhance people-to-people and cultural exchanges, and mutual learning among the peoples of the relevant countries, and enable them to understand, trust and respect each other and live in harmony, peace and prosperity.

"一带一路"是促进共同发展、实现共同繁荣的合作共赢之路,是增进理解信任、加强全方位交流的和平友谊之路。中国政府倡议,秉持和平合作、开放包容、互学互鉴、互利共赢的理念,全方位推进务实合作,打造政治互信、经济融合、文化包容的利益共同体、命运共同体和责任共同体。

The Belt and Road Initiative is a way for win-win cooperation that promotes common development and prosperity and a road toward peace and friendship by enhancing mutual understanding and trust, and strengthening all-around exchanges. The Chinese government advocates peace and cooperation, openness and inclusiveness, mutual learning and mutual benefit. It promotes practical cooperation in all fields, and works to build a community of shared interests, destiny and responsibility featuring mutual political trust, economic integration and cultural inclusiveness.

"一带一路"贯穿亚欧非大陆,一头是活跃的东亚经济圈,一头是发达的欧洲经济圈,中间广大腹地国家经济发展潜力巨大。丝绸之路经济带重点畅通中国经中亚、俄罗斯至欧洲(波罗的海);中国经中亚、西亚至波斯湾、地中海;中国至东南亚、南亚、印度洋。21世纪海上丝绸之路重点方向是从中国沿海港口过南海到印度洋,延伸至欧洲;从中国沿海港口过南海到南太平洋。

The Belt and Road run through the continents of Asia, Europe and Africa, connecting the vibrant East Asia economic circle at one end and developed European economic circle at the other, and encompassing countries with huge potential for economic development. The Silk Road Economic Belt focuses on bringing together China, Central Asia, Russia and Europe (the Baltic); linking China with the Persian Gulf and the Mediterranean Sea through Central Asia and West Asia; and connecting China with Southeast Asia, South Asia and the Indian Ocean. The 21st-Century Maritime Silk Road is designed to go from China's coast to Europe through the South China Sea and the Indian Ocean in one route, and from China's coast through the South China Sea to the South Pacific in the other.

根据“一带一路”走向，陆上依托国际大通道，以沿线中心城市为支撑，以重点经贸产业园区为合作平台，共同打造新亚欧大陆桥、中蒙俄、中国—中亚—西亚、中国—中南半岛等国际经济合作走廊；海上以重点港口为节点，共同建设通畅安全高效的运输大通道。中巴、孟中印缅两个经济走廊与推进“一带一路”建设关联紧密，要进一步推动合作，取得更大进展。

On land, the Initiative will focus on jointly building a new Eurasian Land Bridge and developing China-Mongolia-Russia, China-Central Asia-West Asia and China-Indochina Peninsula economic corridors by taking advantage of international transport routes, relying on core cities along the Belt and Road and using key economic industrial parks as cooperation platforms. At sea, the Initiative will focus on jointly building smooth, secure and efficient transport routes connecting major sea ports along the Belt and Road. The China-Pakistan Economic Corridor and the Bangladesh-China-India-Myanmar Economic Corridor are closely related to the Belt and Road Initiative, and therefore require closer cooperation and greater progress.

"一带一路"建设是沿线各国开放合作的宏大经济愿景,需各国携手努力,朝着互利互惠、共同安全的目标相向而行。努力实现区域基础设施更加完善,安全高效的陆海空通道网络基本形成,互联互通达到新水平;投资贸易便利化水平进一步提升,高标准自由贸易区网络基本形成,经济联系更加紧密,政治互信更加深入;人文交流更加广泛深入,不同文明互鉴共荣,各国人民相知相交、和平友好。

The Initiative is an ambitious economic vision of the opening-up of and cooperation among the countries along the Belt and Road. Countries should work in concert and move toward the objectives of mutual benefit and common security. To be specific, they need to improve the region's infrastructure, and put in place a secure and efficient network of land, sea and air passages, lifting their connectivity to a higher level; further enhance trade and investment facilitation, establish a network of free trade areas that meet high standards, maintain closer economic ties, and deepen political trust;

enhance cultural exchanges; encourage different civilizations to learn from each other and flourish together; and promote mutual understanding, peace and friendship among people of all countries.

英国政府任命了“一带一路”特使，设立了专家理事会，并积极参与“一带一路”国际合作高峰论坛咨询委员会相关工作。英国议会成立跨党派“一带一路”和中巴经济走廊小组，推动为“一带一路”合作提供政策支撑和法律保障。中英相关机构联合公布《“一带一路”绿色投资原则》，致力于强化对投资项目的环境和社会风险管理，推动“一带一路”投资绿色化。

The UK Government has appointed a BRI (the Belt and Road Initiative) special envoy, established an expert board and participated in the Belt and Road Forum Advisory Council. The all-party parliamentary group on the BRI and China-Pakistan Economic Corridor is looking into policy support and legal guarantees. Joint principles — *the Belt and Road Initiative Green Investment Principles* have been issued by Chinese and the UK institutions to address the environmental and social risks of BRI and encourage green investment.

我们也愿意把“一带一路”倡议和有关国家的发展战略相对接。中国将坚定不移走和平发展道路，坚定不移做地区和世界和平与发展的维护者、贡献者。

We will work with them to enhance the complementarity between

China's Belt and Road Initiative and their development plans. In a word, China will stay on the path of peaceful development and will continue to be a positive force and a contributor for regional and global peace and development.

中塔共建"一带一路"合作走在前列。塔吉克斯坦第一个同中国签署共建丝绸之路经济带合作备忘录,成立合作委员会,双方共同实施了一系列具有标志性的大型合作项目。

China-Tajikistan friendship is full of dynamism. Tajikistan is one of China's closest partners in Belt and Road cooperation. It was the first to sign a cooperation MOU with China on the Silk Road Economic Belt. A dedicated committee has since been established and a number of signature projects already completed.

要积极推进共建"一带一路"同欧亚经济联盟对接合作,致力于促进地区一体化和区域经济融合发展。

The two sides, according to Xi, should actively push forward their cooperation to dock the Belt and Road Initiative (BRI) and the Eurasian Economic Union so as to promote regional economic integration.

现在习近平主席正在实施"'一带一路'倡议",服务全世界。"'一带一路'倡议"复兴了古老的丝绸之路,在贸易、投资和就业领域提供了很多机会。本着互利合作的原则，已有68个国家签署了"'一带一路'倡议"协定，预计今后这一数字还会增加。

Now President Xi Jinping is carrying out the Belt and Road Initiative (BRI) to serve the whole world. BRI, which revives the old Silk Route, provides a lot of opportunities in areas of trade, investment, and employment. With principles of mutual cooperation and benefits, 68 countries have already signed the BRI agreement and this number is expected to increase in the future.

瑞士联邦主席毛雷尔表示，"'一带一路'倡议"为世界经济创造了一个新的维度，因为世界上没有任何其他国家能够打造出这样长期的战略。毛雷尔认为，全球化是全球成功发展的关键，而要实现全球化，各层次的基础设施建设不可或缺。因此"'一带一路'倡议"的确是一个百年大计，会为全球化做出贡献，所有人都能从基础设施改造升级中获益。

The BRI has created a new dimension for the development of the world economy, and its long-term strategic plan is unusual, said President Ueli Maurer of the Swiss Confederation. The Swiss president believed that globalization is the key to successful global development, and to achieve globalization, infrastructure construction at various levels would be indispensable. In this sense, he said, the BRI is a future-oriented project that will contribute to globalization, in which everyone can benefit from improving and upgrading infrastructure.

第二章 “中国梦”概念的域外传播与翻译

“中国梦”，是中国共产党第十八次全国代表大会召开以来，以习近平同志为核心的党中央所提出的重要指导思想和重要执政理念。“中国梦”被定义为“实现中华民族伟大复兴，就是中华民族近代以来最伟大梦想”，这个梦“一定能实现”。

作为政治术语，“中国梦”这个概念的提出，具有重要意义，不但在中外媒体中被频繁提及，而且在众多学者中引起了热烈讨论。在“外宣”中，“中国梦”这一概念对应的英文翻译出现了多种表达方式，备受关注，引起学术探讨的热潮。

“中国梦”概念的提出，时间上当然比“美国梦”概念要迟得多，但是二者存在根本性质的差异。“中国梦”绝不是“美国梦”的翻版。然而，外媒记者往往将二者混淆，不管是无意为之还是有意为之，均导致域外受众将“中国梦”视为“美国梦”的最新版。

这就提出要求："中国梦"概念的英文翻译，能否明显区别于"美国梦"（American Dream），特别是在形式上？专家学者纷纷发表自己的看法，提出自己的建议。就目前来看，尚无定论，还需要一段时间继续观察、研究。

第一节 “中国梦”概念英文翻译不能简单复制“美国梦”

“中国梦”是我国当代领导集体提出的一个重要概念。这个概念的内涵为:实现中华民族伟大复兴之梦。

英文翻译很容易采用简单类化的办法,视为“美国梦”(American Dream)之类,于是翻译为“Chinese Dream”。

其实,我国提出的“中国梦”,与“美国梦”有根本性差异。

The American Dream is the belief that anyone, regardless of where they were born or what class they were born into, can attain their own version of success in a society where upward mobility is possible for everyone. The American Dream is achieved through sacrifice, risk-taking, and hard work, rather than by chance.

美国梦,强调人人机会均等,每个人都可根据自己的能力,通过努力拼搏、冒险、牺牲,获得成就,取得上升空间,而与出身、阶级无关。

但是,这个“梦”对大部分美国人而言,日渐式微,在现实生活中已经难以实现。大量事实表明,“美国梦”更多的是一种不切实际、脱离实际的所谓的“理想”,如今在美国现实生活中对众多普通的美国人来说是不可能实现的。

从概念的内涵进行深度比较,我们的“中国梦”,不仅仅要求通过个人奋斗而实现个人价值,最关键的是“实现中华民族伟大复兴,就是中华民族近代以来最伟大梦想”,并且全体中国人民正在努力奋斗,这个梦“一定能实现”。

“中国梦”概念的核心目标可以概括为“两个一百年”奋斗目标,也就是:到中国共产党成立一百年时全面建成小康社会,到新中国成立一百年时建成富强民主文明和谐美丽的社会主义现代化强国。最终顺利实现中华民族的伟大复兴,具体表现是国家富强、民族振兴、人民幸福,实现途径是走中国特色社会主义道路、坚持中国特色社会主义理论体系、弘扬民族精神、凝聚中国力量,实施手段是政治、经济、文化、社会、生态文明五位一体建设。

党的十九大报告指出,实现中华民族伟大复兴是近代以来中华民族最伟大的梦想。中国共产党一经成立,就把实现共产主义作为党的最高理想和最终目标,义无反顾肩负起实现中华民族伟大复兴的历史使命,团结带领人民进行了艰苦卓绝的斗争,谱写了气吞山河的壮丽史诗。习近平同志指出,实现伟大梦想,必须进行伟大斗争,必须建设伟大工程,必须推进伟大事业。

中国共产党的领导,全体中国人民的共同努力,实现中华民族伟大复兴,这就是“中国梦”不同于“美国梦”的显著之处。

有专家指出,中国梦承接实现中华民族伟大复兴的主要内容,同时赋予新的内涵，至少包括五层含义：

第一，"中国梦"是中国人对于自己的国家、民族和自己个人未来前景的美好梦想，是"国家富强、民族振兴、人民幸福"，是在实现"两个一百年"奋斗目标基础上的梦想。

第二，"中国梦"靠走中国道路、弘扬中国精神、凝聚中国力量来实现，也需要香港、澳门、台湾同胞共同来圆，是包括实现祖国完全统一的梦想。

第三，"中国梦"是坚持和平发展、坚持合作共赢、参与全球治理的梦想，是推动建设公正、民主、和谐的世界秩序的梦想。

第四，"中国梦"是维护人类文明多样性，不同文明、不同价值观相互交融与包容的梦想，是中国人为人类做出更大贡献的梦想。

第五，"中国梦"与世界和平发展紧密联系在一起。实现中国梦，不仅造福于中国人民，还造福于各国人民。中国好，世界会更好；世界好，中国同样会更好。"中国梦"与"美国梦"以及其他国家的梦并不冲突，而是存在相互补充的关系。"中国梦"不是"帝国梦"，不是"一国梦"，不是"排他梦"，更不是"霸权梦"。

因此，"中国梦"若简单翻译为"Chinese Dream"，很容易使读者联想到"美国梦"（American Dream）之类，读者容易产生类比联想而将二者混淆不分。

但是，就目前来看，"中国梦"的英文翻译，很多人使用的仍然是"Chinese Dream"，而且类似的表达极多：

中国道路

（Chinese Path）

中国精神

（Chinese Spirit）

中国力量

（Chinese Strength）

中国方案

（Chinese Approach）

美国亚利桑那州立大学教授、政治传播学博士吴旭，曾撰文《“中国梦”怎么翻译？》说：

> 当习主席结束对非洲的访问后，非洲国家的媒体开始反躬自问：“为什么我们不能够做一个非洲梦呢？”
>
> 同样，印度的报纸也在金砖五国的会议后发表评论：“印度什么时候能够提出自己的印度梦？”

吴教授指出，“中国梦”的真正价值，不在于中国实现梦想的模式，而在于这个民族敢于梦想的精神。“中国梦”不是为了取代“美国梦”，而是为了丰富和完善“世界梦”。[①]

这折射出，在“外宣”中，“中国梦”的翻译具有复杂性，需要认真研究。

① 吴旭．“中国梦”怎么翻译？[J/OL].（2013-05-21）[2019-03-15].https://www.guancha.cn/WuXu/2013_05_21_146150.shtml.

第二节 “中国梦”概念英文翻译的几种形式及语法分析

目前在媒体中出现的“中国梦”概念的英文翻译有以下几种形式：“Chinese Dream”，“China's Dream”和“China Dream”。

第一种，“Chinese Dream”，如前文所说，有简单仿照“美国梦”(American Dream)之嫌，容易让读者产生类比而混淆，在实际宣传效果上并不利于正确宣传我国这个特定的政治概念。

第二种，“China's Dream”，使用了名词所有格的方法，形式上，强调梦属于中国这个国家所有。但是，这个表达方式的使用频率呈现下滑趋势。究其原因，大约是这种表达强调“国”而弱化“民”，容易让人误以为梦想属于“中国”而非“中国人”。

第三种，“China Dream”，使用名词直接修饰名词的方式，试图建构一个新的概念。对比一下，在语法意义上，“China's Dream”与“China Dream”是相同的，“China”领属“Dream”。但是，在形式上，“China Dream”更加简洁。

就英语本身语法规则，可以分析如下：

第一种，“Chinese+名词”结构，多用于表示人、民族、语言、文化与文学等方面的特征。如：

Chinese culture

（中国文化）

Chinese history

（中国历史）

Chinese nation

（中华民族）

Chinese character

（中国汉字）

Chinese government

（中国政府）

Chinese Path of Building Strong Armed Forces

（中国特色强军之路）

Chinese side

（中方）

Chinese companies

（中国企业）

Chinese people

（中国人民）

Chinese Communist Youth League Organizations

（中国共产主义青年团，简称“共青团”）

第二种，“China's+名词”结构，多用于表示所属或所有关系，强调国家或地理的概念。如：

China's opening-up

（中国的开放）

China's provinces

（中国的省份）

China's socialist democracy

（中国社会主义民主）

China's reunification

（中国的统一）

China's reform

（中国的改革）

China's economic problems

（中国的经济问题）

China's economy

（中国的经济）

China's GDP

（中国的国内生产总值）

China's Domestic Consumption

（中国的国内消费）

China's rural reform

（中国的农村改革）

China's high-speed railway

（中国高铁）

China’s modernization process

（中国的现代化进程）

China’s regions

（中国的区域）

英语中的名词所有格，还有借助于“of”的形式，如“名词+ of China”结构：

the Opening-up of China

（中国的开放）

“China’s+名词”结构和“名词+ of China”结构，一般可以相互转化，但是在充当标题时，多使用前者。

第三种，“China+名词”结构，表示国名的专有名词做定语，简单明了，多强调国别。如：

China town

（中国城镇）

China ink

（中国墨水）

China airplane

（中国飞机）

“China+名词”结构，有时候可以转换为“动词+in China”，有时候可以转换为“动词+by China”。

Made in China

（中国制造）

Made by China

（中国创造）

Assembled in China

（中国组装）

Processed in China

（中国加工）

Created in China

（中国创造）

Invented in China

（中国发明）

R&D in China

（中国研发）

第三节　“中国梦”概念英文翻译可能的社会影响

“中国梦”概念的英文翻译目前常用的是第一种“Chinese Dream”，第三种“China Dream”也经常出现。

从英文读者的接受理解来看，两者可能产生很大的差异。

第一种“Chinese Dream”，突出“中国人”的概念。但是，从语用上考察，与“Chinese”相关的一系列说法在历史上曾经出现过贬义色彩，有的保留至今：

“Chinese attack”，“中国人的攻击”，喧嚣、混乱的进攻。

“Chinese landing”，“中国式着陆”，飞机坠毁。

“Chinese whisper”，“中国式耳语”，在传播过程中逐渐走样的消息。

“Chinese home run”，“中国本垒打”，不合规范的小场地容易打出的低级全垒打。

“Chinaman”和“Chinese”等词，基于历史的原因与文化的差异，在传播的过程中容易沾染贬义色彩，有些词组沿用至今。

“not a Chinaman's chance”：相传19世纪中叶，美国加利福尼亚州发现黄金，白人淘金所剩下来的渣滓无人过问了，才轮到当地华工去拼命淘滤。因此，华工发财的机会微乎其微。英语中把有一个“渺茫的机会”(slight chance)就叫作“have a Chinaman's chance”。另外,在19世纪20年代英国报纸有关拳击比赛的报道中,把挨不起揍的人称为“瓷人儿”(chinaman),后来以讹传讹,“c”由小写变成大写,就变成了“Chinaman”。抗战期间,林语堂答美国记者问,有一句经典的话:“Japan hasn't got a Chinaman's chance of winning the war.”这句话可以依据俗语“not a Chinaman's chance”而翻译成“日本无获胜希望”,又可以按字面理解为“日本胜利的机会远不及中国”。一语双关,幽默大师果然不同凡响。

“Chinese restaurant syndrome”:这个词组在20世纪60年代的美国非常流行。当初,美国人在唐人街中餐馆用餐后,对味精特别敏感,出现头晕、头痛、口干、冒汗、恶心、呼吸困难等不良反应,这类症状当时被称为“Chinese restaurant syndrome”。美国实验生物学学会联合会(Federation of American Societies for Experimental Biology, FASEB)指出,“Chinese restaurant syndrome”(中国餐馆综合征)带贬义且不够准确(pejorative and inaccurate),建议更改为“Monosodium Glutamate Symptom Complex”(味精综合征)。

饮食习惯的差异竟然让“中餐馆”一度背负这个恶名,虽有更正,但在语言中留下踪迹,令人唏嘘不已。

第三种“China Dream”,虽然能够突出“国家”的概念,但是容易偏向于表示“对中国的梦”,如外国人想到中国发展,在中国淘金致富,功成名就,实现梦想。

国内各大媒体、宣传广告甚至一些同声翻译经常使用“China Dream”。但是,事实上,英文中很少出现“America Dream”(美国梦)的表达方式。

政治术语的翻译，需要考虑受众的语言习惯和心理导向。就“中国梦”概念的汉译英来说，在域外受众心理上，需要将“中国梦”与“美国梦”两个概念的不同之处清清楚楚地表达出来。这样其表达效果才不会适得其反。

第四节　国家相关部门对"中国梦"概念英文翻译的选用

我国官方的政策解读中,"中国梦"的英文表达已经采用"the Chinese Dream"。如:

《中共十八大:中国梦与世界》[①]

The Roadmap of the 18th CPC National Congress and The Chinese Dream

实现"两个一百年"奋斗目标、实现中华民族伟大复兴的中国梦,不断提高人民生活水平,必须坚定不移把发展作为党执政兴国的第一要务,坚持解放和发展社会生产力,坚持社会主义市场经济改革方向,推动经济持续健康发展。

To deliver on the two centenary goals, realize the Chinese Dream of national rejuvenation, and steadily improve our people's lives, we must continue to pursue development as the Party's top priority in

① 黄华光,栾建章. The Roadmap of the 18th CPC National Congress and The Chinese Dream [M]. 北京:外文出版社,2013.

governance; we must unleash and develop productive forces, continue reforms to develop the socialist market economy, and promote sustained and sound economic growth.

我国相关部门,就当前的翻译方法,认为"中国梦"的真正规范英文应该是:"the Chinese Dream"。其中,定冠词"the"在一般情况下不能省略,但在广告用语或者书名中可以省略。因为是专有名词,所以"Dream"的第一个字母应该大写。

第三章　政治话语翻译的方法、途径与策略

我国政治话语域外传播需要建立多方联动机制。建立话语翻译标准的研究和发布机制，召集翻译方、专家和媒体，与文件起草部门一起研究核心概念及其表述。建立政治话语产生过程中的咨询机制，在重要文件起草时邀请翻译界或传播界的专家参与，考虑如何使翻译的内容更好地为国际社会所了解、所接受。建立翻译文件概要的策划机制，在起草中文全文的同时要写好中文概要，翻译好外文简读本，便于向国际社会推出我国的相关核心观点。

寻找政治话语中的交集，不断丰富传播内容。在“一带一路”背景下，要实事求是地讲述“复杂”而真实的中国，既宣传取得的进步，又不羞于讲述缺陷，增强可信度。对外翻译要研究关乎整个人类社会发展的切实问题，寻找与其他国家的共同点和利益交汇点；要对政治话语进行分类，寻找有说服力的对外传播内容；要把刚性的政治话语转变

成柔性的学术话语，转化为富有吸引力和感染力的实际做法和生动故事。

注意“去宣传化”，增强对象意识和亲和力。政治话语对外传播要注意去符号化、去概念化，要着力实现以下转变：从被动解释到主动塑造和引领的转变；从习惯中文化表达到国际化视野下融通中外的转变；将核心政治话语形象化、故事化。非政治化的政治传播才能取得最好的传播效果。用“一带一路”沿线国家受众乐于接受、浅显易懂的表达方式，传播我国政治话语。

第一节　从“归化”转向“异化”

在政治话语文本翻译过程中，译者的翻译视角应该保持高度敏锐，注意选用不同的视角，以达到不同的目的。在翻译过程中，既要斟酌用词的准确性，又要保持中国特色，这对于中国政治话语的传播特别重要。[①]

从历史上来看，异化和归化可以视为直译和意译的概念延伸，但又不完全等同于直译和意译。直译和意译所关注的核心问题是如何在语言层面处理形式和意义，异化和归化则突破了语言因素的局限，将视野扩展到语言、文化和美学等领域。

一、归化

归化翻译，要从受众者的语言文化思维观念入手，掌握不同民族、不同地域背景下读者的文化解读习惯，对翻译的内容进行合理调整和适当删减。

归化的目的是要把源语本土化，以目标语或译文读者为归宿，采

① 贾云舒，武悦，张倩雯，等.“一带一路”核心词汇英译策略探究[J].纳税，2018(20)：214.

取目标语读者所习惯的表达方式来传达原文的内容。归化翻译要求译者向目标语的读者靠拢,译者必须像目标语国家作者那样说话。原作者要想和读者直接对话,译作必须变成地道的目标语国家使用的语言。归化翻译有助于读者更好地理解译文,增强译文的可读性和欣赏性。

前文所谈“中国梦”的英文表达“Chinese Dream”,与“美国梦”(American Dream)结构类似,就是归化的典型用法。

再如:

“伟业非一日之功”,翻译为:“Rome wasn't built in a day.”

咖啡广告词“滴滴香浓,意犹未尽”,翻译为:“Good to the last drop.”

“新官上任三把火”,翻译为:“New booms sweep clean.”

“在北京,高楼大厦犹如雨后春笋般地涌现”,翻译为:“High buildings and large mansions are springing up like mushrooms in Beijing.”当中,“雨后春笋”翻译为“like mushrooms”(像蘑菇),英文读者容易理解。

“‘互联网+’行动计划”,简单译为“Internet Plus Action Plan”,英文读者不容易理解,需要对其进一步解释:“Internet Plus Action Plan, the integration of the Internet, and traditional industry through online platforms and IT technology”,这种翻译方式,既能让目标语受众了解到词汇的中国特色,又能通过补充解释的方法帮助目标语受众消除认知语境中的障碍,达到理想的传播效果。

“亚洲四小龙”,不能简单译成“Four Asian Dragons”。因为“dragon”

在目标语文化中是和残酷、丑恶等联系在一起的，所以英文读者难以理解，而译为“Four Asian Tigers”，“tiger”的意义在源语文化和目标语文化中相近，都有勇猛、强大的意思，所以受到英文读者的欢迎。

以上诸例，适当采用意译或补充解释的方法，适当使用受众语言文化里的典故，堪称绝妙。但是，对于政治概念来说，因为其具有独特的内涵，“归化”很多时候是难以胜任翻译要求的。

二、异化

异化强调保留原文的特色，更好地反映源语国家独特的语言风格，更好地将源语国家的文化传递出去。

异化的目的是译者尽可能不去改造原文，而让读者向原文靠拢。在翻译上就是迁就外来文化的语言特点，吸纳外语表达方式，要求译者采取相应于原文所使用的源语表达方式，来传达原文的内容，即以源语文化为归宿。使用异化策略的目的在于考虑民族文化的差异性，保存与反映异域民族特征和语言风格特色。

在文化层面采用异化的翻译取向虽是总趋势，但在目标语读者对源语文化不了解的情况下可以设置过渡的译法。如以前翻译我国“功夫”时，常译为“Gongfu, one of martial arts”，但随着西方对中国功夫的了解，现在可以直接将其译为“Gongfu”了，因为这个概念经过广泛传播，已经能被目标语读者理解了。

前文所谈“中国梦”的英文翻译之第三种“China Dream”，采用的就是异化的方法。“China Dream”最终能否被英文读者所接受，还需要继续观察。这个例子表明，异化有彰显自己特色的作用，异化与归化的过程呈现竞争态势。

归化容易丧失本来面目，异化容易产生“中国英语”（Chinese English, Chinglish）。在进行翻译的时候，把英语与中国特色社会文化相结合，日积月累，就创造出了“中国英语”。

“中国英语”的特征是：中国人使用的，面对外国人传播的，以规范英语为核心，表达中国社会文化诸领域特有的事物，通过音译、语义再生等手段进入交际中，具有中国特点的词汇、句式和语篇。如：

区域一体化

（regional integration）

经济走廊

（economic corridor）

部分“中国英语”，既符合规范英语，又融入了中国特色，其产生、发展、壮大，不仅仅是语言的事情，还与国家的发展、国际的变化、国内外的交流息息相关。

如：“饺子”，英文单词本来为“dumpling”，但是，英语所说的“dumpling”，是多种多样的。我国的传统佳节“元宵节”所吃的“元宵”，英文称之为“sweet dumpling / sweet rice dumpling”。正宗的中国“饺子”，还得说“jiaozi”！类似的，还有“馄饨”（wonton）、“关系”（guanxi）、“中国大妈”（Chinese Dama）、“动车”（don train）等。

第二节 “以我为主”与“以受众为辅”

笔者认为，政治话语域外传播与一般话语传播不同之处在于，前者需要“以我为主”，兼顾受众理解，后者则不一定如此。

一、“以我为主”

政治话语一般涉及国家的大政方针和政策，因此翻译关于国家政治立场、路线、意识形态等内容时，要做到忠实且灵活，尽可能还原其原本意义，保留中国味道。这时候，在政治话语翻译过程中，应该主要采取“以我为主”的方法，来传播中国文化、思想和政治理念，诠释中国传统文化特征和民族思维方式、体现中国核心价值，向国际社会展示新时代的中国。

以“新型大国关系”的英文翻译为例：

英文常见为“major power”或“super power”，这体现着西方的外交逻辑和语言传统习惯，依照惯性思维，沾染着“集权”“霸权”等不利的因素。

西方政府及其主流媒体常常将我国政府强调的“新型大国关系”译为“a new type of major power relationship”或“a new type of great power relations”，有些故意将之意译为“G2”（The Group of Two，两国集团、中美共治）、“Chimerica”（中美、中美共同体），甚至意译为“tributary system”（朝贡体系）。

显然，翻译的时候，如果生搬硬套，或掉以轻心，则会授人以柄，落入陷阱中。

我国“外宣”工作者创造性地将其翻译为“new model of major-country relations”，既出现“大国”（major-country），又直接标出“新型”（new model），有机组合之后，可以表达出新的含义。

“新型大国关系”（new model of major-country relations），不仅能够清楚显示我国“不冲突、不对抗、相互尊重、合作共赢”的外交宗旨，传播了中国和平发展的大国形象，还可以有效避免通过类推联想而可能产生一些负面言论。

“major-country”（大国）表达方式创造出来、传到西方社会后，一系列的概念相继产生了，并且被读者认可、接受、推广、普及。如：

responsible major country

（负责任大国）

responsible major developing country

（负责任的发展中大国）

major-country conflict and confrontation

（大国冲突对抗）

rising major country

（崛起大国）

emerging major country

（新兴大国）

traditional major country

（传统大国）

established major country / conservative major country

（守成大国）

major country's image

（大国形象）

world's major country

（世界大国）

major country status

（大国地位）

major trade country

（贸易大国）

major greenhouse gas-emitting country

（温室气体排放大国）

在翻译相关政治概念的术语时，最大限度地保留“中国特色”，使之在稍微“新奇”之中呈现出“原汁原味”，呈现出较高的翻译艺术，但要在跨文化背景下来理解和执行。通常用三种方式来处理：

第一种，对一些能在英文语境下理解的词语采取直译的方式。例如，“体制机制弊端和结构性矛盾是‘拦路虎’”中的“拦路虎”，可以采用“tiger in the road”的表达方式，中文的文化与英文的文化大致对等而成功接轨。

第二种，对无法直译的词语采用转译的方式。例如，"我国自主研制的客机飞上蓝天"中的"飞上蓝天"，可以转译为"successfully put into service"，整句翻译为："A regional jet developed and produced in China has been successfully put into service."

第三种，对一些无法转译但直译后又不容易理解的概念进行解释性翻译。例如，"老虎、苍蝇一起打"中涉及对反腐行动的形象概括，翻译为"cracking down on both tigers and flies"。

二、"以受众为辅"

不可否认，政治话语翻译是一种跨文化交际活动，不仅要准确传递原文内容，更重要的是为读者尤其是外国读者所理解接受，要构建认同感。因此，要考虑到中西方的思维方式、语言习惯等差异，减少理解障碍。

先以"五位一体"为例：如果片面强调"以我为主"，翻译为"the Five-point Strategy"，受众可能无比困惑。

其实，就是本国读者，也不一定就知道"五位一体"的具体内涵，有必要进行注释。译者可以加注释：This refers to keeping to China's overall development plan to persue economic, political, cultural, social and ecological progress.

加注释，可以起到补充说明的作用。

再以"四个全面战略布局"为例：

这个概念提出后，得到系统阐述，受到国内外广泛关注。西方媒体第一时间将"四个全面战略布局"翻译为"Four Comprehensives"。

但是,“四个全面战略布局”实际上包含着四个特定的内容,它们之间不是简单并列的关系,而是一个统一的概念,具有系统性、整体性和协同性。“Four Comprehensives”的翻译表达难以全面地展示这个概念。

结合对英文读者阅读习惯的考虑,将“四个全面战略布局”翻译成“the Four-pronged Comprehensive Strategy”。

其中:

使用“Four-pronged”,表示“四管齐下”,说明这个战略布局包含了四个方面的内容,四个方面的内容要齐头并进,缺一不可;

使用“Comprehensive”,既显示了“四个全面”内容各自的特点,又突出了这个战略布局具有全面性、全局性;

使用“Strategy”,说明这是一项战略,体现了树立战略思维、保持战略定位的思想。

选择了“the Four-pronged Comprehensive Strategy”这个英文表达后,通过多个搜索引擎进行检索,发现这个用法在英文世界中使用很少,不会与现有的常用说法混淆,而且也没有负面含义。

“以我为主”,可以让世界聆听到中国的声音;“以受众为辅”,则照顾到受众意识。一般来说,二者需要有机结合。对于政治概念的域外传播来说,假如必须舍一取一,那么更应该坚持“以我为主”。

第三节　政治话语翻译的“三个注重”

政治话语的有效翻译，直接影响到中国在世界上的形象，以及在世界范围内得到认可的程度，对提升国际影响力和加强外交起着重要的作用。下面阐述我国政治话语翻译时需要注意的“三个注重”。

一、注重地域文化研究，优化中国政治话语译文的表述

“一带一路”强调“互通”“合作”“共同繁荣”，所以要让合作伙伴认识并了解中国。

政治话语往往带有枯燥僵化的标签，给人以刻板的印象。在国际交往中，文化习俗的差异、利益和意识形态的差异增加了政治话语传播的难度。

能否准确把握受众的特点与需求，引领受众思维，阐释理念与逻辑，是决定话语传播效果的关键。

必须遵循严谨性与庄重性的原则，以达到忠实传达说话者本意的目的。

考察语境是确定话语内涵的关键一步，因此，了解发言人的身分地位、发言场合、发言目的等语境信息是成功翻译的重要因素。

当今的政治话语突出展示了中国领导集体亲民的特色及个人魅

力。政治话语的对外传播,需要展示这些特色及魅力。

二、注重新时代中国政治话语的新特点,修辞并用以展现发言人的语言风格

以习近平同志为代表的中国新一届领导人形成了自身鲜明的语言风格,或旁征博引,或真情坦率,展现出新一代领导人的新形象。

现将中国翻译研究院翻译的我国领导人讲话摘录一段:

2016年7月1日,中国共产党在北京隆重集会,庆祝中国共产党成立95周年,回顾中国共产党团结带领中国人民不懈奋斗的光辉历程,展望党和人民事业发展的光明前景,表彰全国优秀共产党员、优秀党务工作者、先进基层党组织,动员全党全国各族人民更加充满信心朝着实现全面建成小康社会奋斗目标、实现中华民族伟大复兴的中国梦胜利前进。在大会上,中共中央总书记、国家主席、中央军委主席习近平发表了重要讲话。

On July 1, 2016, the Communist Party of China (CPC) held a gathering in Beijing to mark its 95th anniversary. At the meeting, Xi Jinping, General Secretary of the CPC Central Committee, Chinese President and Chairman of the Central Military Commission, delivered a keynote speech. In his speech, Xi reviewed the path that the CPC has led the Chinese people on, envisioned the future prospects of the Party and the people working together, and called on the whole Party and people of all ethnic groups to confidently strive toward the goal of building of a moderately prosperous society in all respects and realizing the Chinese dream of national renewal.

翻译中,应灵活运用恰当的修辞手法,尽量保留与展现发言人的话语风格,才可以展现新时期政治领导人的新风貌,有效传达原文话语的信息意图和交际意图。

显而易见,厘清语境中各个主客观因素之间的互动,有助于译者更加完整地传达原语风貌,展现发言人风格。

简言之,灵活使用各类修辞手法,来传达发言人的个人风格,可以体现出中国政治话语的新特色。

三、注重保留中国特色,最大限度满足域外受众的信息需求

两类政治术语的翻译有难度:一种是蕴含中国政治意图、富有中国政治语言特色的术语,另一种是富含中国传统文化底蕴的术语。

要翻译好这些政治术语,译者必须具备很强的政治意识、较高的中外文化水平以及敏锐的全球意识。

例如:

人民公社

(The People's Commune)

"文化大革命"

(Cultural Revolution)

菜篮子工程

(shopping basket program)

豆腐渣工程

(jerry-build project)

美丽中国建设

(Beautiful China Initiative)

话语权的构建是发言人和受众对话互动的结果,取决于受众对于话语的接受度与认可度。

因此,在"一带一路"沿线,积极展开平等对话,以易于受众接受的方式满足其信息需求,是构建政治话语权的重要环节。

要想政治话语对外传播后产生良好的效果,译者要综合地考虑语境、发言人与受众之间的互动关系。

政治话语的翻译受诸多主客观因素的影响,在翻译承载着中国特色的词语时,宜采用"直译+解释"的做法以保留其特色,既能满足受众信息需求,又能创造性地传播中国特色的政治话语。

总之,中国政治话语在翻译中,既要保持文化特色,又要增强译文的可读性、趣味性和可接受性。也就是遵循以下原则:简单朴实,让受众看懂;简明忠实,保留中国特色。

但忠实并不是字对字翻译,而是要对中国特色政治话语予以细致灵活地处理,用最简单朴实的语言,将相关的信息准确、简明地传递给受众。相对于"朴实"来说,"忠实"更为重要。

第四章　政治话语翻译语料库的运用

语料库指经科学取样与加工的大规模电子文本库，借助计算机分析工具，研究者可开展相关的语言理论及应用研究。

语料库语言学（Corpus Linguistics）主要研究机器可读的自然语言文本的采集、存储、检索、统计、词性和句法标注、句法语义分析，以及具有上述功能的语料库在语言定量分析、词典编纂、作品风格分析、自然语言理解和机器翻译等领域中的应用。

构建政治话语翻译语料库，可以更好地揭示翻译过程中隐藏在语言现象背后的文化共鸣。

本章首先运用语料库对我国“一带一路”传播进行研究，然后运用语料库对西方诸多媒体宣传“一带一路”进行研究，最后缩小范围，运用语料库专门对美国主流媒体宣传“一带一路”进行研究。

需要说明的是，相关的语料库都是原作者自建的，相关的研究数据也都是依据原论文而进一步研究的，在此对相关素材的提供者予以感谢。本章侧重于研究“一带一路”在西方特别是在美国传播的情况。

第一节 运用语料库对我国“一带一路”传播进行研究

语料库支撑范式研究是理论验证与语料驱动相结合的新颖视角，其本质是在系统功能语言学理论框架下自动对语料库进行检索、标注及处理，探索语言系统和语言现象的概率模型，推动系统功能语言学向广阔的宏观视野和精细的微观视角发展。

2014年国家相关部门发布《推动共建丝绸之路经济带和21世纪海上丝绸之路的愿景与行动》(英文版)。陈风华撰写《语料库视角下“一带一路”系统功能认知阐释》一文，结合系统功能语言学理论和相关网站“一带一路”英文语料，深入探索“一带一路”的规划愿景，在理论和理据层面上予以阐释这一重要概念。[①]

一、参与者

《推动共建丝绸之路经济带和21世纪海上丝绸之路的愿景与行

① 陈风华.语料库视角下“一带一路”系统功能认知阐释[J].西安外国语大学学报，2016(4):53-56.

动》(英文版)中,物质过程小句[①]中出现数量最多的参与者依次是:

we,80个;

Chinese government,17个;

China,17个;

Belt and Road Initiative,11个;

Initiative,11个。

可以看出,这些高频率的参与者共同构建阐释的重心,凸显我国政府在"一带一路"建设过程中的友好态度和主导地位。

二、情态

《推动共建丝绸之路经济带和21世纪海上丝绸之路的愿景与行动》(英文版)中,表示建议、打算和决心的情态词[②]统计如下:

should,82个;

will,25个。

"should"和"will"都暗示协商的语气和平等的立场。

"should"和"will"的高频出现表明:

中国不会以居高临下姿态专营、垄断,只会在"和平合作、开放包容、互学互鉴、互利共赢"和"亲、诚、惠、容"的理念指导下,秉持"共商、共建、共享"的方式处理可能存在或已经存在的分歧和问题。

---

① 就语篇的概念功能而言,小句及物性功能是关键,包含过程、参与者和环境等要素。物质过程强调"做"的客观过程,用于叙述和解释"做的过程"。《推动共建丝绸之路经济带和21世纪海上丝绸之路的愿景与行动》(英文版)共有163个小句,其中物质过程小句137个,占所有小句的84%。

② 系统功能语言学把情态操作语按照肯定程度的高低分为三个类型:高,如"must""ought to";中,如"should""will";低,如"can""may"。

三、人称

《推动共建丝绸之路经济带和21世纪海上丝绸之路的愿景与行动》(英文版)中,人称代词统计如下:

we,83个。[①]

"we"具有很强的包容性,能够充分体现话语双方平等的社会地位和说话者的亲和力。

这里的"we",含义极其丰富,既可以指代中国,又可以指代"一带一路"的周边系列国家。

这里的"we",和表达协商语气的"should"一起使用,可以拉近我国和这些国家之间的陌生距离,共建目标,共同追求,号召力极强。

① 这里所说的"we"有83个,包括在物质过程小句中出现的80个和非物质过程小句中出现的3个。

第二节　运用语料库对西方媒体宣传“一带一路”进行研究

习近平同志提出建设“一带一路”的重要倡议以来，该倡议备受国内外媒体关注。西方媒体视野中，“一带一路”到底是正面的形象，还是负面的现象？邵斌等发表《西方媒体视野中“一带一路”形象的语料库探析》，对此加以探讨。[①]

一、正面报道多于负面报道

在随机抽取的100条索引行中：

对“一带一路”持肯定态度的，占55%；

持否定态度的，占19%；

客观介绍“一带一路”具体内容的，占26%。

可见，西方媒体对我国“一带一路”的报道，整体上看，正面的比负面的多，正面的和中性的占大多数，负面的占少数。

西方媒体的主流认为，“一带一路”可以重振古代丝绸之路，不但能推动中国经济的发展，是开启中国区域协调发展的新引擎，而且为

① 邵斌，蔡颖莹，余晓燕．西方媒体视野中“一带一路”形象的语料库探析[J]．当代外语研究，2018(4)：40-47，108.

区域经济乃至世界经济注入活力，是一个可以双赢的区域性经济计划，是各国合作发展的里程碑，值得各国积极参加。

但是，少数西方媒体，囿于“中国威胁论”和“中国霸权”等意识形态的成见、陋见，确实存在对“一带一路”误解，甚至刻意歪曲乃至丑化。

别有用心者视之为中国企图控制邻国、称霸世界的策略，从而进行大肆诬蔑。

这显示出政治话语对外传播中有统一性，也有斗争性。

二、聚类分析

西方各国媒体对“一带一路”的评价不尽相同，同一国家的不同媒体对“一带一路”也存在不同看法。

新西兰媒体在积极倡导“一带一路”方面走在西方发达国家前列。

德国媒体也看到了“一带一路”的广阔前景。

“一带一路”沿线合作的中欧国家如匈牙利、捷克、斯洛伐克等国家，其媒体均积极报道。这些国家受惠于“一带一路”带来的发展机遇。

倾向于消极评价的媒体，大多属于美国和加拿大两国，少数属于英国。

美国和加拿大部分媒体对中国“一带一路”存在曲解，把“和平崛起”误读为“军事扩张”。

英国少数媒体对“一带一路”进行消极评价，以达到别有用心的目的。

这显示出政治话语对外传播中有普遍性，也有针对性。

三、主题词分析

第一,德国媒体对“一带一路”报道的主题词,关键性由高到低依次为:

LOGISTICS[①],848.20;

DHL[②],594.50;

KERRY[③],386.78;

AIRPLANES[④],231.44;

NETWORK[⑤],208.24;

DELIVERY[⑥],169.51。

可以发现,德国主流媒体对中国“一带一路”的报道,特别关注于物流领域。

究其原因,从中国出发到欧洲的国际货运班列的八条线路中,有五条终点位于德国,这让德国物流行业看到了“一带一路”所带来的发展商机。

第二,澳大利亚媒体对“一带一路”报道的主题词,关键性由高到低依次为:

---

① LOGISTICS,汉语意思是“物流”。

② DHL,德国邮政,系德国物流巨头。DHL是物流行业的全球领导者,专门从事国际运送、快递服务和运输。

③ KERRY,嘉里大通物流公司,系伦敦—义乌货运班列的第三方物流供应商。

④ AIRPLANES,汉语意思是“飞机”。

⑤ NETWORK,汉语意思是“互联网”。

⑥ DELIVERY,汉语意思是“递送”。

ORE[①],413.57;

IRON[②],366.21;

FORTESCUE[③],197.19;

FOREST[④],148.85;

RIO[⑤],126.17;

COAL[⑥],109.01。

可以发现,澳大利亚主流媒体对中国"一带一路"的报道,特别关注于能源领域。

究其原因,中国是澳大利亚铁矿石的最大进口国,钢材需求量也很大,这让澳大利亚能源行业相关人员看到了中国的"一带一路"所带来的无限商机。

第三,新西兰媒体对"一带一路"报道的主题词,关键性由高到低依次为:

LI[⑦],146.35;

UPGRADE[⑧],143.71;

FTA[⑨],116.07;

① ORE,汉语意思是"矿石"。

② IRON,汉语意思是"铁"。

③ FORTESCUE,澳大利亚福蒂斯丘金属集团。

④ FOREST,汉语意思是"森林"。

⑤ RIO,澳大利亚力拓集团,经营矿业领域。

⑥ COAL,汉语意思是"煤"。

⑦ LI,汉语意思是"李"。

⑧ UPGRADE,汉语意思是"上升、扩大"。

⑨ FTA,Free Trade Agreement,汉语意思是"自由贸易协定"。

TRADE[①],102.73;

PREMIER[②],99.81;

ICBC[③],90.44。

可以发现,新西兰主流媒体对中国"一带一路"的报道,特别关注于贸易领域。

究其原因,新西兰是首个签署"一带一路"合作协议的西方发达国家,新西兰一直努力开拓海外贸易领域,中国的"一带一路"为之提供了极好的机遇。

第四,英国媒体对"一带一路"报道的主题词,关键性由高到低依次为:

RMB[④],672.86;

BOND[⑤],504.76;

BANK[⑥],240.04;

CAPITAL[⑦],119.64;

ADB[⑧],102.25;

CURRENCY[⑨],100.45。

① TRADE,汉语意思是"贸易"。
② PREMIER,汉语意思是"总理、首相"。
③ ICBC,汉语意思是"中国工商银行"。
④ RMB,汉语意思是"人民币"。
⑤ BOND,汉语意思是"债券"。
⑥ BANK,汉语意思是"银行"。
⑦ CAPITAL,汉语意思是"资金"。
⑧ ADB,汉语意思是"前亚洲开发银行"。
⑨ CURRENCY,汉语意思是"通用货币"。

可以发现，英国主流媒体对中国“一带一路”的报道，始终聚焦于金融领域。

究其原因，一是英国经济有问题，亟须中国投资以保持经济平稳发展；二是伦敦正在打造全球最大的人民币离岸和清算中心，对中国“一带一路”金融领域尤为关注。

第五，美国媒体对“一带一路”报道的主题词，关键性由高到低依次为：

NAMIBIA①，291.03；

NORTH②，201.23；

MYANMAR③，199.95；

NAMIBIAN④，196.53；

HUSAB⑤，162.51；

KOREA⑥，124.22。

可以发现，美国主流媒体中国对“一带一路”的报道，始终聚焦于地缘政治领域。

究其原因，地缘政治关系正是美国特别关注的对象。美国某些媒体喜欢将包括中国在内的其他国家的发展政策往地缘政治上靠。美国对包括中国在内的其他国家的发展持打压态度，不愿意看到也不允许包括中国在内的其他国家的迅猛发展势头继续下去。

① NAMIBIA，汉语意思是“纳米比亚”，国名。

② NORTH，汉语意思是“北方、北部”。

③ MYANMAR，汉语意思是“缅甸”，国名。

④ NAMIBIAN，汉语意思是“纳米比亚人”。

⑤ HUSAB，汉语意思是“纳米比亚的哈萨博地区”，盛产铀矿。

⑥ 这里包括“the Republic of Korea”和“the Democratic People's Republic of Korea”。

综上所述，“‘一带一路’倡议”实施以来，为相关国家带来了经济发展的巨大机遇，为区域发展注入新的活力，得到众多国家的支持和参与。但是有少数国家始终抱持敌对的态度。

第三节　运用语料库对美国主流媒体宣传“一带一路”进行研究

美国主流媒体，包括《华盛顿邮报》《今日美国》《芝加哥论坛报》等，对“一带一路”是如何认知的？态度是什么？

左言娜发表《美国主流媒体关于“一带一路”倡议的话语建构研究——基于语料库的批评话语分》一文，探讨“一带一路”在美国主流媒体中的形象。[①]

据相关统计，高频实义词的使用次数如下：

China / Chinese[②]，249 次；

said[③]，79 次；

Asia / Asian[④]，71 次；

world[⑤]，56 次；

can / could[⑥]，54 次；

① 左言娜.美国主流媒体关于“一带一路”倡议的话语建构研究——基于语料库的批评话语分析[J].河南工程学院学报(社会科学版)，2017(4)：55-59.

② China / Chinese，汉语意思是“中国 / 中国人”。

③ said，汉语意思是“说”。

④ Asia / Asian，汉语意思是“亚洲 / 亚洲人”。

⑤ world，汉语意思是“世界”。

⑥ can / could，汉语意思是“会”。

Road[1]，52次；

United States /America[2]，51次；

trade[3]，50次；

economic[4]，49次；

new[5]，46次；

Silk[6]，39次；

people[7]，34次；

Xi[8]，34次；

Chongqing[9]，33次；

project[10]，30次；

countries[11]，28次；

government[12]，26次；

region[13]，26次；

Beijing[14]，25次；

---

① road，汉语意思是"道，路"。
② United States / America，汉语意思是"美国"。
③ trade，汉语意思是"贸易"。
④ economic，汉语意思是"经济的"。
⑤ new，汉语意思是"新"。
⑥ silk，汉语意思是"丝绸"。
⑦ people，汉语意思是"人们"。
⑧ Xi，汉语意思是"习"。
⑨ Chongqing，汉语意思是"重庆"。
⑩ project，汉语意思是"项目，工程"。
⑪ countries，汉语意思是"国家"。
⑫ government，汉语意思是"政府"。
⑬ region，汉语意思是"地区"。
⑭ Beijing，汉语意思是"北京"。

years[①],25次。

一、"China / Chinese"与"United States / America"主体分析

"China / Chinese"(中国)与"United States / America"(美国),这两个关键词,均居榜上。

美国主流媒体关于"一带一路"的传播,多喜欢从中美两国利益出发,将中国视为考量对象,更多的是考虑中美两国之间的经济关系。

二、"said"与"people""government"话语来源

"said"(说)一词,可以表明谁说的,属于话语来源。

"people"(人民,人们)与"government"(政府),这两个关键词出现在榜上。

通过核查原语境而发现:

"people"中,有很多是中国普通老百姓。美国主流媒体喜欢呈现中国普通老百姓的观点。

"people"中,也有一些是美国商界人士,反映美国商界民众对中国"一带一路"较为关注。

"government",主要与美国政府相关,较少指代中国政府。

美国主流媒体偏重于采用学者特别是美国学者的观点,以彰显其权威性和代表性,中国学者的观点采用较少。

上述分析表明,美国主流媒体在"一带一路"的传播上,坚持美国政府的立场,积极宣传美国学者的言论,而将我国的具体情况摆放在

① years,汉语意思是"年"。

次要位置上。当然,美国主流媒体时刻关注美国商界的利益关系,但是,也不能漠视我国商业迅速发展的现实情况和可能带来的巨大赢利空间。

第五章　我国高校外语课程设置与人才培养研究

政治话语对外传播，不仅仅是政治概念的对外传播，更是语言、文化的普及。语言工作者特别是外语人才、翻译人才的培养，是重中之重。国家众多政策的扶持和各类专项经费的资助，我国高校相关课程、相关专业的设置，有力推动着我国“一带一路”对外传播上相关的语言人才的建设。

本章主要介绍北京大学、哈尔滨远东理工学院、唐山学院三所高校外语课程设置与人才培养的经验。

北京大学较早探索“一带一路”外语人才的建设并且成效显著。面向全校，开设“一带一路”沿线国家的非通用语课程，计入学分。

哈尔滨远东理工学院为民办高校，在“一带一路”背景下，其国际经济与贸易专业从人才培养目标、课程体系、师资队伍、教学内容、实践环节等多方面进行研究和改革，培养复合型人才。

唐山学院为地方高校，在“一带一路”背景下，其商务英语专业对特色化课程体系建设提出有益的建议。

第一节 政治话语对外传播中的语言及相关因素

随着改革开放的深入，特别是提出"'一带一路'倡议"以来，中国语言服务行业的发展极其迅猛，引起关注。

2018年11月19—20日，改革开放40年与语言服务创新发展论坛暨2018中国翻译协会年会在北京举行。中国翻译协会常务副会长兼秘书长、中国翻译研究院执行院长王刚毅做大会主旨发言。会议还发布了《2018中国语言服务行业发展报告》。

一、政治话语对外传播中的语言因素日益重要

随着国家"走出去"和"一带一路"的实施，翻译的作用进一步得以体现，语言服务产业成为影响国民经济发展的重要因素。

2011—2018年，我国语言服务业进入繁荣发展期，呈现爆发式增长。截至2018年6月底，经营范围包括语言服务的企业数量增加到320 874家，以语言服务为主营业务的企业达9 652家。这一数据与2016年调研时的72 495家相比，出现了大幅增长。

以上数据，一方面说明在"大众创业、万众创新"的社会氛围下，语言服务领域创业投资热情致使企业注册出现井喷局面；另一方面说明

社会对语言服务的认知度与需求度得到跨越式提升。

二、2019年出现的翻译行业趋势

2018年,中国语言服务行业出现若干大事:人机耦合同传,人工智能机器翻译,翻译区块链,产教融合,首批翻译企业认证,企业新型学徒制国家年补贴等,对语言服务从业者和人才培养单位来说,是机遇与挑战并存。

2019年,中国语言服务行业持续发力,表现在以下方面:

第一,经济全球化势不可挡,中国语言服务行业总体产值保持持续增长。但局部地区面临贸易冲突,出现阶段性低谷,所以没有出现猛烈增长。我国部分企业在国际市场面对巨大压力,可能减少为语言服务支出的预算。

因此,我国更需要大量外语翻译人员,从而使语言服务行业持续发展。

第二,市场细化,深耕细分,多个领域的翻译成果不断涌现,特别是在石油翻译、矿业翻译、法律翻译、金融翻译、医疗翻译、机械翻译、化工翻译等方面。

当然,时政翻译方面始终是刚需。

第三,机器翻译译后编辑,这一新鲜事物,逐渐成为翻译行业不可忽视的重要力量。

机器翻译的结果虽然不尽如人意,认可度一直不高,但是可以成为职业译员的重要助手,人机结合是现状也是趋势。

第四,翻译企业认证,势不可挡。

2018年11月19日，中国翻译协会年会上，对首批通过笔译服务认证的企业进行了认证授牌（中译语通AAAA，传神AAA，语言桥AAA）。翻译企业越早认证，越能取得社会认可，对企业发展越好。

第五，翻译教育的产教融合，将走向深水区。

翻译专业本科、硕士教育开展十多年来，产学研联合培养应用型翻译技能人才在实施时面临各种困难。2019年起，全国各类企业全面推行企业新型学徒制，这是我国在技能人才培养培训方面的重大制度变革，改变了过去传统的师傅带徒弟的形式，实现了企业、院校、培训机构联合培养、工学交替、双师带徒这样的方式方法。

三、“‘一带一路’倡议”下语言服务研究

“‘一带一路’倡议”最主要的目的是促进经济合作与发展，从而带动政治、经济、文化等各领域的交流。“‘一带一路’倡议”至少需要以下语言服务：

（一）翻译服务

《标准联通“一带一路”行动计划（2015—2017）》中，明确指出要组织翻译一些急需的国家标准、行业标准的外文版，支持设施联通和贸易畅通，要优先组织开展服务设施联通、贸易畅通等急需的铁路、公路、水运工程、电力、海洋、冶金、建材、工程机械、航空航天、中医药等领域内500项国家标准、行业标准的外文版翻译及出版工作。

（二）本地化服务

本地化是指企业在国际化过程中，为了提高市场竞争力，同时降

低成本，将产品的生产、销售等环节按特定国家 / 地区或语言市场的需要进行组织，使之符合特定区域市场的组织变革过程。

随着全球化的深入发展和科技的不断进步，本地化的领域在逐步拓宽，其领域不仅限于软件行业，大量垂直行业（通讯、航空、能源、机械、电子、医药等）出现了巨大的本地化需求，其对象涵盖软件、网站、游戏、产品手册、市场材料、电子学习材料、视频多媒体等。

在"一带一路"推进过程中，大量中国企业的产品需要"走出去"。这些产品要根据沿线各国不同的文化传统、风俗习惯等进行本地化处理，以尊重与满足不同语言和市场的用户需求，拓展企业的国际市场份额，实现业务全球化，提升中国企业的国际竞争力。

（三）多语信息咨询服务

多语信息咨询是指为语言服务业务中涉及语言信息转换的服务和产品提供专业指导与解决方案，具体包括针对翻译者在翻译过程中出现的问题提供专业指导、针对客户产品全球化过程中的障碍和需求提供解决方案等。

随着"一带一路"的实施和深入推进，既懂技术，又了解当地语言文化，能够提供语言服务解决方案的专业人才需求极大。

（四）语言技术与辅助工具开发

语言技术与辅助工具开发即研发"语言技术"，开发"翻译工具"，旨在供人在翻译时使用，以"物态技术"补充、辅助"心态技术"，帮助翻译者完成翻译任务。

在“一带一路”实施过程中，在语种涉及数量多而翻译人才并不充裕的情况之下，语言技术与工具开发起着重要作用。

四、“‘一带一路’倡议”下外语人才培养对策

（一）构建国际化人才培养模式

“一带一路”背景下外语人才培养模式的专业体系应实施通识化教育，即以外语专业为载体，树立全球化的教学理念，把各国文化经济、社会民俗、宗教信仰等囊括于外语专业教研之中，让学习者融入跨文化交流中，熟悉全球发展动态，增加紧迫感和使命感，努力成为国际外语人才。同时，高校通过增加外教数量、加强与其他国家高校的交流与合作等方式，强化学生的交流、沟通、实践训练，在实践中提升自己的外语运用技能。有条件的学校可以建立国内与国外联合办学的语言实践和学科实践基地，尽可能地使教学内容、教学方式、教学语言与国际接轨，培养懂得国际法则、贸易规则以及文化差异等知识的综合型国际化人才。另外，通过开展国际交流与合作，高校应该增加学校的教学资源和教育实力，提高学校的国际化水平和影响力。所以说，国际化外语人才培养模式是全球经济一体化的客观要求，更是“一带一路”背景下我国加快对外交流与合作之必然要求。

（二）制定复合型外语人才培养方案

在“一带一路”背景下，为了适应全球市场经济的就业需求，高校应培养复合型外语人才，并且增加其对于环境的适应性。首先，高校

要在原有的外语人才培养模式基础上，将“语言专业知识”和“通识教育”作为课程设置的基础，把其他如经济贸易、国际法规、文化差异、各国民俗、宗教信仰等专业知识作为课程设置的补充，实现素质教育与职业技能教育并重，从而有利于服务“‘一带一路’倡议”。因此，外语人才培养模式的建设，对于高校来说，要充分了解社会需求的专业知识，专业技能和外语人才的综合素质要求，优化原有的课程体系，确定教学模式，追求教学效果。其次，外语专业可以在外语知识学习的基础上开设职业技能培训课程，加强实践培训，开展职业实践能力培训。最后，对于非外语专业的学生，在完成自己专业课程的同时，要增加外语知识和职业外语技能课程。综上所述，学生专业知识、专业实践技能和综合专业素质的培养是外语人才培养的重要方向。即“外语专业+职业技能+综合素质”三位一体的外语人才培养模式是我国外语人才培养模式的务实举措。

（三）校企合作，加大实习实训

成功的复合型人才应该将专业知识运用于社会实践。尤其是外语学习者，应该在语言学习过程中进行实际观察和实践，从而真正理解和体会语言中所显示的信息。因此，高校应按照复合型外语人才培养目标的要求，提倡大学生将专业知识与社会实践相结合，积极参与社会实践活动。高校教学与厂矿、企业强强联手，校企合作，为学生提供实习实训场所，从而把所学知识转向技能，培养大学生的创新、创业精神，提高其职业技能和综合素质能力，为他们了解社会、融入社会提供切实可行的帮助。外语教育工作者作为“‘一带一路’倡议”的传媒者，应在"'一带一路'倡议"的引领下，制定明确合理的培养目标，完善课程体系的设置，配合学校促使学生积极参与社会实训实践环节，充分发挥学生的主体地位和积极性，提升教学质量，培养更多高素质的外语复合型人才。

（四）提倡多语种学习

"'一带一路'倡议"涉及亚洲、欧洲、非洲的很多国家，虽然英语作为全球通用的语言发挥着重要的载体作用，但倘若我们能使用沿线每个国家的本土语言进行交流，那就更能增加两国信息沟通的通达度，从而减少因文化差异而产生的误解。据不完全统计，目前和我国建交的国家中，官方语言有上百种，其中90%以上为小语种。而我国开设课程的外语语种有50余种，相关小语种外语人才的缺失将直接影响"一带一路"的进程。所以只有英语人才已不能满足当前国家经济建设的大需要，培养多语种人才已经是更好履行"'一带一路'倡议"的首要任务。高校机构必须抓住机遇，结合本地实际情况增设"'一带一路'倡议"所需的小语种专业，同时可以根据本校本地所需实际情况尝试以小语种为主要专业，英语作为第二外语培养模式。实践证明，掌握双语语种或者多语语种的外语人才在国际化经济市场上的竞争力远远高于单语语种外语人才。

（五）加强文化学习，重视跨文化交际

"'一带一路'倡议"必然会使中国文化与世界各国文化发生碰撞和融合。作为语言文化载体的外语人才，如果没有强大的文化背景，

就无法顺利地进行交流。所以我们在培养外语专业人才时不仅要加大中华民族文化在跨文化教学中的比重，培养学生的人文素养，提高他们的传统文化自信和文化自觉意识，让他们在跨文化交际中能够有理有据，能够用他国语言清晰地表达自己的思想和观点，实现信息沟通、分享与传播，还要了解"'一带一路'倡议"沿线国家的语言政策和语言习惯，即重视跨文化交际。只有这样，我们才能真正了解对方，有礼貌，不盲从。同时，在日常生活中避免违反习俗、宗教等禁忌，言行举止体现出大国公民的自我克制和风范。

第二节 政治话语对外传播中翻译人才的培养

在政治话语对外传播特别是"一带一路"对外传播中,合适的语言人才极其重要,而如何培养,成为研究热点。[①]

一、要处理好国家需求、学生个人发展与外语习得规律三者关系

我国相关政策规定,在我国外语教学中,通用语一般指英语、法语、俄语、西班牙语、阿拉伯语、德语、日语七个语种,其他则为非通用语。

非通用语专业需要顶层设计,以国家/社会需求为出发点,同时兼顾个人发展和学科知识的内在规律。

二、双向考虑"'一带一路'倡议"语言人才培养的多元化路径

"'一带一路'倡议"中相关的建设需求大致分为四类:

第一,政府间人文交流。国别/区域通,高级翻译人才,硕士以上。

第二,项目决策与谈判。国别/区域通,高级翻译人才,行业通,硕士以上。

① 文秋芳."一带一路"语言人才的培养[J].语言战略研究,2016(2):26-32.

第三，项目落地国外。普通复合型非通用语人才，本科即可。

第四，项目落地国内。普通复合型非通用语人才，本科即可。

三、借鉴北京大学相关成功经验

为了支持“一带一路”建设，北京大学在全校开设“一带一路”沿线国家的40种非通用语课程。每个语种开设1至2个班，小班授课，少至3人，多至40人。本科生、研究生均可报名。学习时间一年或一年半，每周4小时，每学期3学分。

可以将之改为语言强化训练课程，进行暑期语言培训教育，集中在短期内培养出相关语言人才。

第三节 “‘一带一路’倡议”下民办高校复合型人才的培养

在“一带一路”背景下，国际经济与贸易专业的复合型人才培养要从人才培养目标、课程体系、师资队伍、教学内容、实践环节等多方面进行研究和改革。

张祺等学者发表的《“一带一路”背景下黑龙江省民办高校人才培养方案研究——以哈尔滨远东理工学院国际经济与贸易专业为例》对此细细探讨。①

一、人才培养目标

要围绕“‘一带一路’倡议”的需求进行，不仅包括外语的应用能力，还包括国际规则和较强的专业技术及管理能力等。

专业人才培养方案的制定，要按照“厚基础、宽专业、高素质、强能力、重创新”的人才培养理念，形成以“创新意识、创业能力培养”为主要思路的人才培养体系。

① 张祺，李伟，刘阳．“一带一路”背景下黑龙江省民办高校人才培养方案研究——以哈尔滨远东理工学院国际经济与贸易专业为例[J]．山西农经，2019(5)：51-52.

二、课程体系

课程体系可按照“能力平台+模块”的形式进行细化。在专业模块上，突出对学生专业能力培养，以经济环境分析、国际商务沟通、国际市场开拓等为主线，全面培养学生的对外贸易业务综合应用的水平及对相关问题处理的能力。

根据相对应的各能力模块，开设专业课程。另外，加强对学生英语水平的培养，高年级学生可接受第二外语的学习。

三、师资队伍

在“‘一带一路’倡议”下，需要一批既具备专业教学能力，又具有实践应用能力的教师。

应提高师资队伍教师业务水平，给予教师优惠政策，多提供再深造学习、开会交流等机会，鼓励教师承担科研项目，对本专业内容开展深入研究等。也可与企业进行产学研合作，保证在师资方面能满足人才培养的要求。

四、教学内容

在人才培养上，应从知识结构、能力结构及素质结构三个方面进行。

在知识结构上，主要掌握马克思主义等重要思想的基本原理，具备一定的文学、历史、哲学、艺术、法律等方面的人文社会科学知识；比较熟练地掌握一门外语，掌握通过网络获取信息的知识、方法；掌握高等数学、计算机基础等方面的知识。同时，要掌握本专业所涉及的专业基本理论和学科基础知识。

在能力结构上，主要培养学生具有独立获取本专业知识、更新知识和应用知识的能力，能将所学的基础理论与专业知识融会贯通，以及创新意识和探索能力。另外，根据“一带一路”的发展目标，要培养学生具有较强的语言与文字表达能力、较好的跨文化交流能力，能够建立良好的人际关系，能适应多变的工作环境和社会环境。

在素质结构上，应培养学生具备良好的职业道德和职业素养，树立正确的社会历史观和人生价值观，要具有较好的身体素质和心理素质。

五、实践环节

人才培养必须与时俱进，充分设计及科学规划实践教学平台。按照从认知到基本技能，再到专项技能，进而达到综合技能的培养路径，与企业协同培养专业人才，进一步创新人才培养模式。

实践教学比重应适度增加，开设以实践教学为主的专业选修、限选课程，培养学生的动手实践能力。

第四节 “‘一带一路’倡议”下地方高校商务英语课程体系探究

“‘一带一路’倡议”运行以来，社会对商务英语人才需求越来越多，要求越来越高。地方高校可以适时调整课程体系，办出特色。

张海凤所发表的《“一带一路”倡议下地方高校商务英语课程体系探究——以唐山学院商务英语专业为例》对地方高校特色化课程体系建设提出了有益的建议。[①]

一、国家规定的高校商务英语课程培养目标

《高等学校商务英语专业本科教学质量国家标准》阐述的相关人才培养目标为：英语基本功扎实，具有国际视野和人文素养，掌握语言学、经济学、管理学、法学（国际商法）等相关基础理论与知识，熟悉国际商务的通行规则和惯例，具备英语应用能力、商务实践能力、跨文化交流能力、思辨与创新能力、自主学习能力，能从事国际商务工作的复合型、应用型人才。

① 张海凤.“一带一路”倡议下地方高校商务英语课程体系探究——以唐山学院商务英语专业为例[J].教育教学论坛，2019(22)：208-209.

二、高校商务英语课程培养体系建设现状

当前，高校商务英语课程体系建设分为两个层次：

第一层次，重点本科高校，开设的课程体系比较完备，涉及语言、商务、跨文化及人文素养四个模块，如对外经济贸易大学、广东外语外贸大学、上海对外贸易学院等。

第二层次，非第一层次的重点本科、一般本科、独立院校、高职高专，开设商务英语比较晚，教师能力和生源素质都较低，课程体系主要有“语言+商务”“商务+英语”“商务”三种。

三、高校商务英语课程建设要点

高校可以根据培养规格、专业特色、行业需求，自主设置和动态调整人才培养模式，找准自己的培养特色。

第一，课程体系建设是动态过程，通过分析社会需求和学生评价，不断调整课程体系设置、教学大纲设计及教学模式。

通过跟踪毕业生发展、对在校学生及毕业生的问卷调查、实地访谈企业，掌握商务英语毕业生的就业情况、用人单位的需求、学生的需求，对培养方案、教学计划和课程设置不断做出相应调整。

第二，科学设置各类课程比重。

有企业反馈，学生语言基础比较扎实，但是商务知识、商务思维欠缺。

针对这一问题，可以摒弃现在比较通行的“英语+商务”模式，从一年级就引进商务英语教材，用英语学习商务知识，由浅入深、循序渐进

地培养商务思维和素养。

通过适当提高商务类的课程比例及课程内的实践比例，通过案例教学法，提高学生理论与实践相结合的能力。

第三，避免同质化人才培养，增加富有特色的商务课程。

可以结合经贸新形态，开设跨境电商课程，打造本校商务英语专业的王牌。也可以结合学校优势学科，开设国际管理方向、国际商务方向的课程。

第四，增加实训软硬件设施，加强实习基地建设，培养学生的实践能力。

企业普遍反映学生实操能力有待加强。可以通过仿真软件，开设仿真模拟训练，提高学生办公软硬件操作技能、组织能力和沟通能力。

加强实习基地的建设，与企业签订实习协议。低年级学生短期见习，对企业运营、岗位认知初步了解；高年级通过跟班实习，锻炼实践技能。

第五，创建“大学生创新创业中心”实践平台。

与企业讲师签订协议，定期为学生做讲座辅导，提高学生企业运营、管理、培训的商务实践能力，培养学生的商务思维。

第六，加强商务英语课程群团队建设。

通过“引进来”和“走出去”的办法，提高任课教师的专业能力，强化其团队意识，使商务英语建设走可持续发展之路。

第六章　专门用途英语教学与翻译研究

“一带一路”，东跨亚太经济圈，西达欧洲经济圈，涉及60多个国家，覆盖约44亿人口的范围。这需要大量具有各领域专业知识的专门用途英语人才。

专门用途英语指与某种特定职业或学科相关的英语，是根据学习者的特定目的和特定需要而开设的英语课程。“一带一路”背景下，专门用途英语将成为人才培养的重要方面。[①]

本章先介绍茶文化英语教学与翻译经验，然后介绍医学类、体育类、法律类、商务类英语教学与翻译经验。在英语课中，翻译本身就属于一种教学方式，但毕竟是一种特殊的教学方式，在此我们将“教学与翻译”并举，是为了行文的方便，不做细分。

① 夏伯乔.“一带一路”背景下的专门用途英语需求分析及教学改革策略研究[J].才智，2017(1)：113-114.

茶文化英语教学与翻译，要立足于跨文化交际和文化传播的根本目的，注重对我国民族文化特色的宣传，适当采用归化策略，注重文本语境内部的“互文性”，坚持忠实原则。

医学类英语教学与翻译，以提高医学类大学生跨文化交际能力为目标，优选教材内容，构建活动性课堂，培养复合型教师。

体育类英语教学与翻译，要特别注意体育类英语文本的特征，翻译时要遵循准确性、可读性、适切性三个原则。

法律类英语教学与翻译，首先要在法律特色词汇上下功夫，然后注意遵循准确严谨性、清晰简明性、前后一致性、语言规范性四个原则。

商务类英语教学与翻译，特列举商务名片、产品说明书、信函、致词的英语翻译要点，用以说明商务英语教学与翻译的要点。

第一节　茶文化英语教学与翻译研究

在"一带一路"中，中国的茶文化占据一席之地，茶文化已经成为众多国家消费的对象。以茶文化为介质，深化中外茶文化对比及其汉英翻译研究，具有重要意义。吴国初《"一带一路"倡议下中外茶文化对比与汉英翻译研究》对此颇有研究。[①]

一、立足于跨文化交际和文化传播的根本目的

茶文化已经成为"'一带一路'倡议"沿线多数国家传统文化的构成要素。对茶文化进行汉英翻译，有重要意义：一是通过茶文化这个桥梁可以进行深入的交流，二是通过翻译工作可以促进我国茶文化在国际社会的广泛传播。

因此，在翻译茶文化过程中，应当把焦点聚集在有效的信息转化之上，实现文本的跨文化交际功能。

当然，中国茶文化博大精深，有些内容难以在外国茶文化中找到对应的表达，特别是与历史典故、神话传说等相关的茶语，涉及的文化

① 吴国初."一带一路"倡议下中外茶文化对比与汉英翻译研究[J].福建茶叶，2018(6):440-441.

信息较多，即便在与我国茶文化相近的日本茶道文化和韩国茶礼文化中都很难用三言两语表达清楚，或者有些信息在国外是文化禁忌等。针对这种情况，译者应当本着推动跨文化交际和传播传统文化的目标，进行适度的删减或改换，确保译文的简易性与可读性。

二、注重对本民族文化特色的宣传，适当采用归化策略

文化软实力是综合国力的核心要素，能够为其他各要素的发展提供源源不断的精神动力和智力支持。文化力量的崛起，可以为社会带来更多高素质、高涵养的复合型人才。

在翻译过程中，突出茶文化的“中国特色”，可以让其他国家和地区看到不一样的茶文化形态，进而对我国茶文化产生进一步了解和学习的兴趣。

如：

绿茶

(green tea)

红茶

(black tea)

冻顶乌龙

(Dongding Wulong tea)

御品龙井

(Top-class Longjing tea)

高山茶

(high mountain tea)

保健茶

(health care tea)

使用“汉语拼音+tea”或者直译的形式,来翻译茶叶名称,这属于归化策略。还可以通过翻译茶诗、茶词并重现其中的韵脚,来传达汉语文化的美感,这也属于归化策略。毕竟,我国是“茶文化”的发源地,一直是“茶文化”的大国,可以传播地地道道的中国茶文化。

三、注重文本语境内部的“互文性”

对于翻译者来说,“中式英语”确实不好。“中式英语”虽然有时候有存在的必要性,但是会在一定程度上造成交流障碍。

因此,在翻译茶文化时,应重视文本之内的“互文性”,使得英文版里的各个词、句、段尽可能符合英语行文的习惯,必要的时候,营造特定语境,帮助受众理解,以达到畅快接受的目的。

四、坚持忠实原则

通顺和忠实是翻译的两大原则。在时政热点对外传播上,忠实于文本尤为重要。在茶文化对外传播上,翻译者不能忽视忠实原则。

只有忠实于文本,博大精深的中国茶文化才能够原汁原味地展示在他人面前,才能够真正实现中国传统文化的跨文化传播。

第二节 医学类英语教学与翻译研究

随着我国与国际交流愈加频繁,我国卫生事业与国际接轨,我国医护人员不断面临国外同行的竞争和挑战。

医务工作者提高英语水平,意义不可小视,表现在以下四个方面:

(1)实现真正意义上与世界医疗卫生同行的直接交往。由于很多医务工作者存在语言方面的交流障碍,英语表达有困难,他们的科研成果和经验还鲜为国际同行们所了解和认可。我国的医疗卫生事业要与国际接轨,就得把本土先进的医疗卫生工作水平和经验推到国外,用英语介绍和宣传自己的成果。

(2)便于掌握引进的国外医疗设备、药品的使用。随着高新科技的发展,医疗卫生部门引进国外的各种设备和技术越来越多,临床使用国外药品也很普遍,然而,伴随着被引进的国外医疗器械、大型医疗设备和医药产品的是专业且复杂的外文使用说明书。

(3)及时获取国外最新的医学信息动态。由于许多医疗创新技术和前沿研究课题、科研成果是以英文语种报道的,我们要想及时了解国外最新的医学信息动态,洞察医学科技前沿的发展,学习先进的医疗技术,赶超国际同行水平,就得培养自己具有良好的英语水平和能力。

(4)促进医疗、科研、学术交流,实现"国际化"。医学院校要充分利用医学专业优势,为"一带一路"培养相关复合型人才。李丽辉《"一带一路"背景下医学英语教学中大学生跨文化交际能力的培养研究》对此有研究。[①]在医学英语教学中,可以从以下方面提高医学类大学生跨文化交际能力:

一、优选教材内容,加强文化教学

"一带一路"背景下,医学类学生需要面对不同国家、不同文化背景的人,成功的交际活动要考虑双方的历史、文化、社会等因素。

在医学类英语的教学内容选择上,要遵循以下几点:

第一,在既有教材基础上,选择涉及医学话题的相关文章,促使学生准确把握医学英语知识的表达,激发学生学习的主动性和积极性。

第二,扩大教材选材范围,扩展医学人文视野。选择与医学专业密切相关的内容,如伦理学、社会学和人类学等相关知识内容,作为医学类英语的教学内容。

第三,增加选文的趣味性,把控选文的内容难度。适当控制选文中医学专业英语的难度,有助于学生主动学习。

第四,可以配合使用医学视频。教师可将学生喜爱的医学电影、电视片段及演讲融入医学英语教学过程中,让学生身临其境地体会医生的职业内涵,提高其跨文化交际能力。

① 李丽辉."一带一路"背景下医学英语教学中大学生跨文化交际能力的培养研究[J].现代交际,2018(15):1-2.

二、构建活动型课堂，建立多元化课堂体系

如何构建活动型课堂，建立多元化课堂体系呢？

第一，教师引导学生进行医学情景模拟交流。

如采用医生、护士、家属及患者等角色扮演的方式，结合医学语言知识和表达，培养学生处理不同情境下的冲突和误解的技能。

第二，教师引导学生感受中西方医学文化上存在的差异。

真实的素材和环境才能把不同的社会、文化和习俗等元素充分展现出来。在医学类英语教学中，要选择恰当的英文视频、音频片段，让学生身临其境。

第三，强化学生实践教学，探索校企合作。

建立产学研相结合的实践教学基地，是医学类高等院校发展的重点。校企合作，可以大大增强医学类学生处理实际问题的能力，其交际能力可以随着提高。

三、加强复合型英语教师培训

教师是学生的榜样。在医学英语教学中，提高学生的跨文化交际能力，对授课教师的素质就提出了较高的要求。授课教师除了要具备专业知识和科研能力外，自己还要成为复合型英语教师。

授课教师可以利用政府和学校提供的机会出国进修，关注医学专业最新的发展动态，同时，提高教师自身的跨文化交际能力。

除了“走出去”，还可以“请进来”。学校聘请企业相关人才来当讲师，充分展示“英语+医学知识+文化与交际”复合型人才的风采。

第三节　体育类英语教学与翻译研究

中国正在由体育大国向体育强国的目标发展。民族传统体育是中国体育的重要组成部分，是中华民族传统文化的重要组成部分，不仅蕴含了丰富的文化底蕴，还蕴含了丰富的人文气息。培养国际化体育英语人才是顺应全球化发展、服务国家发展战略、推进"一带一路"建设的需要。[①]"'一带一路'倡议"正好给民族传统体育文化搭建了一个良好的平台，让民族传统体育文化搭车传播给全世界。中国传统文化的传播，为世界民族传统体育文化交流营造了良好的氛围。[②]来华留学生对中国传统体育文化有浓郁的兴趣和热切的诉求，同时急剧增多的对外体育比赛、交流等，都需要做好体育类英语的教学与相关翻译工作。

一、体育英语定位与课程

进入21世纪以后，在全球化的大背景下，我国经济社会发展需要

① 刘迪."一带一路"倡议下国际化体育英语人才培养研究[J].林区教学，2018(7):110-112.

② 李瑛瑛，刘妮."一带一路"战略与民族传统体育文化发展研究[J].武术研究，2017(4):104-107.

大批外语人才，在复合型英语人才方向转变的需求下，体育院校结合奥运会筹办和国际体育交往的需求，开设了体育英语专业。体育英语专业定位的最大特点是“突出体育特色”，直接为体育事业输送体育外事人才。根据体育英语专业的定位，我们在人才培养和课程设置中遵循的原则可以简单概括为：夯实语言基础，加强人文素养，提高思辨能力，突出体育特色。①

二、体育类英语文体特征

余光中说：“翻译是变通的艺术。”好的译者必须十分清楚中文和英文的差别，不同的文体有不同的行文特点、不同的语言特征。文本可以分为信息性文本、表达性文本和呼唤性文本三大类。文本通常同时具备两个甚至三个功能，但有主有次。茅盾曾说过：“文学的翻译是用另一种语言，把原作的艺术意境传达出来，使读者在读译文的时候能够像读原作时一样得到启发。”文学翻译不仅仅是正确传达内容就可以了，还要尽力传达原作的风格、味道、意境，使译文读者也能有所感想。

体育英语最大的特色就是大量专业词汇的运用以及不同领域用语向体育领域的映射。每一个体育项目都包含一套丰富的专业术语与词汇。如，关于“场地”这个词，有“cour”（网球场）、“ring”（溜冰场）、“pitch”（棒球场）、“arena”（乒乓球场）、“rink”（冰球场）、“track”（田径场）等。另外，有很多普通词在体育运动上具有特定的体育专业释义，

① 李晶，田慧．体育英语专业的定位与课程设置［J］．北京体育大学学报，2009（7）：76-77，80.

例如,“lock tackle”(正面抢截)、“place kick”(定位球)、“high five”(胜利)、“dark horse”(黑马,出乎意料获胜的选手或队伍)等。

在体育英语翻译中,要辨别体育英语文体,选择恰当的语言表达形式:正式文体还是非正式文体?亲密文体还是庄重文体?在体育英语诸多门类中,体育学术英语的正式度最高,这是由体育学术英语的功能和语用造成的。它主要用于正式场合,因而具有正式性和严肃性。

例如:

Formost sports, stretching exercises should include the major muscle groups and joints of the body, such as the back, hamstrings, Achilles tendon, groin, quadriceps and abdominals.

对于大多数的体育项目,伸展练习应包括身体的主要关节和肌肉群,如后背、顺绳肌、跟腱、腹股沟、四头肌和腹肌。

其中,“hamstrings, Achilles tendon, groin, quadriceps and abdominals”,是运动生理学术语。这些术语的使用可以使得表述更为严肃、紧凑,避免产生歧义。

The last phase of the warm-up should consist of performing the activity utilized in the sport.

热身运动的最后一个环节应包括该项目的活动。

其中,“performing”和“utilized”分别与“doing”和“used”同义,但前者比较正式。体育学术英语主要出现于正式的场合,如学术期刊、学术报告和学术专著等。

广告的类型虽各种各样,但都有一个共同特点:吸引人们的注意力,调动人们的兴趣,激发人们的欲望,促使人们采取行动。多用大众化的口语词汇,少用或不用晦涩、深奥的词语,通过简洁的句型使消费者看得明白。行文构句多使用单音节词和合成词,如“have”“see”“buy”“come”“get”“make”“give”“keep”“great”“new”“make”等。体育广告同样要求如此。如某体育运动品牌的广告语“keep moving”(永不止步)、某篮球协会的广告语“love this game”(我喜爱这项运动),通俗易懂,广为流传。

体育学术英语的文体最为正式,属于英语中的庄重文体和正式文体。体育转播和体育广告文体的正式度较低,有的属于非正式文体。以上述分类为参照,进行翻译的时候要在确保准确的前提下,注意文体的正式程度。

体育英语文本在用词层面具有以下特征:(1)惯用缩写词。体育英语报刊的标题必须在有限的篇幅范围内用最简单、最明了的词将体育信息栩栩如生地提供给读者。这类词多用来表示体育协会或组织的名称。例如,“IOC”表示国际奥委会,“IABA”表示国际业余拳击协会。又如,“AT”(athletics)指田径,“GY”(gymnastics)指体操。(2)大量使用体育术语。各行各业千差万别,用词亦存在差异。体育报刊传递的是体育领域的信息。英语体育报道的受众群体是体育迷,他们对体育专业词汇了如指掌。

要做好体育英语翻译工作,除了有必要的英语和汉语知识外,英语国家的文化背景和体育项目的专业知识也是必不可少的,要有效应用到实践中才能提高体育英语的翻译水平,从而促进我国体育事业的蓬勃发展。

三、体育类新闻翻译原则与要求

(一)体育类新闻翻译原则

体育类新闻翻译是把一种文字写成的体育新闻用另一种语言表达出来,其主要目的在于传递源语中新闻记者报道的信息。体育类新闻翻译不可避免地受到源语和目标语两种语言文化的制约,因此,要考虑两种文化的差异性。为了跨文化交际的顺利实现,体育类新闻翻译需要翻译标准的指导和翻译技巧的运用。

1. 准确性原则

体育类新闻报道的主要目的是传递信息,因此准确性是新闻的核心特征。体育类新闻翻译就是要将源语的信息准确地传递给目标语读者,尤其是专业术语。新闻稿件用词范围很广,充满了新词、外来词和具有文化内涵的词汇。可以通过查阅各种工具书或借助网络或咨询专家等方法准确地表达出原文要传递的信息。

例如:

In golf, Fred Funk, of the United States, leads the USPGA event at Pacific Palisades, California, after the first round. He shot a six under par 65 to take a three shotlead over fellow American Cameron Beckman, Zimbabwe's Nick Price, and Steve Elkington of Australia. The world number one, Tiger Woods, is six shots off the pace, after his one over par 72.

高尔夫球方面,在美国加利福尼亚州举行的美国职业高尔夫球锦标赛上,弗雷德·弗恩可在第一轮比赛结束后处于领先地位。他的成绩是65杆,低于标准杆6杆,但比他的美国同胞尼克·普莱斯和澳大利亚的史蒂夫·艾尔金顿三人领先了3杆。世界排名第一的老虎伍兹本轮打出72杆,高出标准杆1杆,总成绩暂以6杆落后。

准确地把这些单词翻译出来,才能使新闻报道的内容清晰地展现给读者。

以下是新闻标题中常见词及其翻译,仅供读者参考:

accord

(和解,协议)

aide

(高级助手或官员)

bid

(出价,投标,试图,建议)

blaze

(失火,火灾)

chief, head

(领导人,……头/长)

curb

(抑制,控制,限制)

drive

(运动,战役,竞赛)

fire

(解雇)

jobless

(失业)

mark

(庆祝)

mission

(代表团)

pay

(工资,报酬)

probe

(询问,调查,查验,审理)

rap

(批评,谴责)

slay

(杀害)

swap

（交换，交易）

talks

（讨论，会谈，谈判，会议）

vie

（竞争）

ace

（能手，专家）

aim

（目标，目的，意向）

beef up

（加强）

clash

（冲突，不合，争吵）

cut

（缩减，削减）

drama

（事件）

fete

（庆典，节日）

hit

（批评，严重影响）

key

(重要的)

meet

(会议,集会,会谈,大会)

ok

(接受,赞同,批准)

poll

(大选,民意测评)

rally

(集会)

row

(争论,争吵,冲突)

spur

(鼓励,刺激)

stance

(态度,立场)

urge

(敦促,提议)

voice

(表达,发表意见)

2. 可读性原则

体育类新闻翻译不但要求准确性,而且要求可读性。所以要想报道内容达到传播目的，必须让读者容易理解、快速理解。尽可能选择清晰明了的词语，避免晦涩难懂之词。清晰易懂的译文能让读者更好地理解新闻内容。

例如：

A Historical Event for the Chinese Nation Today, the world has chosen Beijing. And the world's attention is turning to Beijing. When members of the International Olympic Committee (IOC) cast their final vote for Beijing tonight.

中华民族迎来历史性事件。今天，世界选择了北京，世界把目光转向了北京。今晚，国际奥委会委员把最后一轮的选票投给了北京，展示了对北京的充分信任和无限希望。

在这个日新月异的世界，为世界盛事选择最佳场地，这需要有足够的勇气、远见和洞察力。被选中的北京，代表着整个中国，呈现出来的是稳定、繁荣和富裕的景象。这就是2008年奥运会主办权最终敲定后的一个评论，非常鼓舞人心。因此，这条新闻用词，讲究尽量做到清晰、易懂。

3. 适切性原则

体育新闻的种类繁多，分类标准各异，但大致来说，报刊上的体育新闻可以分为新闻摘要（或称快讯）、新闻报道、评论和特写四种。不同的新闻种类具有不同的文体特点，所以在翻译时要体现出这些文体特征。另外，要简明扼要，事实清楚，重点突出，必要时应当交代事件的过程和细节，甚至是相关的背景知识。有时可以发表个人的预测或集体的看法，其目的不是报道新闻事件，而是从新闻事态发展的某个角度讲述广大读者关心的问题。

（二）体育类新闻翻译要求

1. 正确理解词义

英文中一词多义的情况比较普遍，要结合上下文正确理解词义，只有这样才能准确地表达一个单词在整个句子中的意思。

例如：

The performance of his training plan was often checked by the club director.

他的训练计划执行起来常常受到俱乐部头头的阻碍。

“performance”的含义很多，如何确定其在此句中的含义呢？训练计划是有时间性的，因此，检查就是看效果（即执行的情况）。

2. 翻译避免歧义

体育新闻中涉及各个国家的大量人物、球队和赛事的名称，很多名称复现率高，要查找以往的同类资料或请教专家。要与其他媒体的报道中使用的名字尽量相符（即符合约定俗成原则），以免给观众的理解增加额外负担，甚至造成误会。要遵从“名从祖籍”原则。翻译地名同样适用这一原则。

体育英语翻译容易因为汉语而造成误解，那么从汉语译为英语存在哪些问题呢？2008年北京奥运会的吉祥物“福娃”原译名为“Friendlies”，后来正式更改为汉语拼音“Fuwa”。理由如下：①从单词意义上看，“Friendly”有两个语义指向：一是“友好的人”，二是“运动队之间的比赛”。②从发音上听，“Friendlies”同“Friendless”（不友好的）发音相似。③在单词拼写上看，容易让人认为：“Friendlies=Friend（朋友）+1ies（说谎）”，从而产生歧义。

3. 术语翻译准确

体育新闻的传播有一个特点，即观众的广泛性，这要求译文尽量口语化。因此，在译文易播、易懂的基础上，译者应能准确使用体育专业术语，以提高观众的欣赏水平。

一般来说，汉语是一种表意明显的语言，语言结构重在意合，而英语是一种形态性语言，语言结构重在形合。译文中可以适当增减成分，以便读者明白易懂。

4. 了解背景文化

在英文体育报道中，有很多词来自历史、宗教，或具有一定的文化内涵。翻译时可能会遇到理解上的障碍。译者必须充分了解原文所蕴藏的文化背景，准确理解原文作者的“言外之意”。只有这样，译者才能很好地将原文信息传递给读者。

第四节　法律类英语教学与翻译研究

"'一带一路'倡议"为法律全球化注入新的内涵和动力,在全球化与地方主义的交互作用下,法律全球化呈现出跨国法治、全球化下的地方法律、全球法律的地方化等发展趋势。[①]在"'一带一路'倡议"下,法律翻译被推到了时代的前沿,法律翻译人才的培养成为当今一项紧迫任务。[②]

一、法律英语词汇特征

(一)普通表达有特殊含义

在英语语言的发展过程中,词义的演变十分复杂。法律英语词汇的第一个特征是:这些词语从普通英语词汇中分离出来,在普通英语中具有某种含义,在法律英语中则具有特定的含义。

例如:

① 王涛."一带一路"视域下的法律全球化:属性、路径与趋势[J].西北民族大学学报(哲学社会科学版),2019(4):116-123.

② 张法连."一带一路"背景下法律翻译教学与人才培养问题探究[J].中国翻译,2018(2):31-35.

"damage"的含义是"损坏",而"damages"在法律英语中的含义是"损害赔偿金";

"consideration"的含义是"考虑,体贴",而在法律英语中的含义是"对价,约因";

"presents"的含义是"礼品","by these presents"的含义是"通过法律文件"。

判断是普通词汇还是法律英语词汇,需要结合一定语境或上下文才能确定。

(二)依然使用古旧词汇

法律英语词汇的第二个特征是:经常使用现在已经很少使用的古旧词汇。

英美国家要求法律语言"简明、大众化",提倡法律人士在起草法律文件时应尽量避免使用古旧词汇,但是适当地使用古旧英语词汇是有必要的。

例如:古词"ye"是"you"的复数形式,在普通英语中已经不再使用了。法律上,"here ye"实际上相当于现代英语中的"listen ups",运用至今,可充分体现法律英语严谨、严肃的文体特征。

(三)频繁使用外来词汇

法律英语词汇的第三个特征是:经常使用外来词,主要指拉丁语和法语的大量引入。在西方法律中,法律格言往往是用拉丁文来表述的。对学习法律的人来说,学拉丁文就显得很有必要。

（四）法律专有话语体系

任何建立在独特知识和技能之上的行业或职业都会发展出一种独特的话语体系，也被称为“行话”。使用法律术语和行话、套话，对于“外行人”而言，足以激发他们对于这个行业的好奇、尊重或畏惧等。译者必须熟悉常用法律术语和行话、套话，才能准确地翻译原文。

二、法律英语翻译基本原则

（一）准确严谨性

法律文件具有高度的严肃性和严密性，必须不折不扣、准确无误地译出原文。准确严谨性是法律翻译的第一标准。法律文件的翻译，哪怕是微小的失误，都可能在经济上、政治上造成极大损失，招致严重的后果。

例如，具有担保性质的“定金”译为“订金”，以致在外商违约时“订金”就被解释为预付款。又如，如果译者混淆了“罚金”和“罚款”的用法，就会使案件的性质发生根本性变化：“罚款”属于行政处罚，“罚金”则属于刑事处罚。

（二）清晰简明性

国家的法律语言通常都是这个国家最正式、最规范的语言。如果法律文件翻译得含糊其词，模棱两可，这些法律文件就会无法执行。

法律文件翻译，要使用清晰简明的词语，使用简明的句式，必要时，不要直译，要改译。

（三）前后一致性

前后一致性原则是指在法律文件翻译的过程中用同一法律术语表示同一法律概念。表示同一概念，那些看似同义或近义的词语，都有可能表示不同的概念，因此应严格禁止使用。

例如，《中华人民共和国渔业法》中的“禁止”一词，时而被译为“shall be prohibited”，时而被译为“shall be forbidden”。这种做法在法律文件翻译中是不允许的。只要选择了一种译法，就要从一而终。

（四）语言规范性

法律文件翻译语言规范化，要求译者具有较高的双语水平。在规范的立法语言中，不能随意删减用字。不能想当然地认为“第三者”“第三人”“第三方”意思相同，随便换用。无论是立法语言、司法文书还是查证语言，都有其自身的格式规范。法律文件翻译除了要求语言功能的对等之外，还应照顾到法律功能的对等。唯有如此，才能使目标语精准地表达源语的真正含义。

第五节　商务类英语教学与翻译研究

商务类英语翻译,以商务英语为媒介,以满足国际商务交际为目的。下面以商业名片、产品说明书、信函、致词为例,谈谈商务类英语教学与翻译的要点。

一、名片的翻译

名片是社交活动和商务交往中经常用来做自我介绍的卡片。名片可以分为商业名片、公用名片和个人名片。语言多为双语或多语种,因而有必要了解名片的英文翻译知识。

现代的名片具有语言多样、内容丰富、交际功能明确和设计个性化等特点,包括工作单位地址及联系方式,如办公电话、手机号码、传真号码、电子邮件地址等。大致是先机构单位,后人名、职务职称,最后是地址等内容。因此,名片由三个部分组成:(1)机构单位;(2)姓名、职务;(3)地址、电话、传真等。正面用汉语表达,反面用英语表达。

(一)姓名的翻译

英国人和美国人的姓名是名在前,姓在后。中国人的姓名是姓在前，名在后。可以采用音译法或定译法等。

例如：

杨伟达

（Yang Weida）

何玉珠

（He Yuzhu）

李小龙

（Bruce Lee）

孔子

（Confucius）

约翰·安德森

（John Anderson）

比尔·盖茨

（Bill Gates）

韩礼德

（M.A.K. Halliday）

陆克文

（Kevin Michael Rudd）

（二）职务或职称的翻译

职务或职称的翻译比较复杂，原因之一是国家情况不同，行政划分、行政职务各异。常见的职务或职称的名称及其翻译如下：

第一，政府公职职务或职称。如：

部长

(minister)

司长

(director)

局长

(bureau director)

县长

(chief executive, county government)

镇长

(chief executive, township government)

办公厅主任

(director, general office)

科长

(section chief)

第二,公司团体职务或职称。如:

董事

(director)

董事会成员

(board member)

董事长

(chairman of the board)

经理

(manager)

部门经理

(section / division / department manager)

销售经理

(sales manager)

地区经销经理

(regional sales manager)

楼层经理

(floor manager)

带班经理

(relief manager)

代理经理

(acting manager)

行政总裁

(chief executive officer)

总经理

(general manager)

厂长

(factory director)

工程师

(engineer)

副总工程师

(deputy chief engineer)

经济师

(economist)

高级经济师

(senior economist)

总经济师

(general economist)

会计

(accountant)

审计员

(auditor)

名誉主席

(honorary chairman)

(三)公司名称的翻译

企业名称的翻译一般都有固定用词。如果该公司已有约定俗成的译名,则要沿用。

公司、有限公司可译为"company"等,子公司常译为"subsidiary",不由总公司控股的横向联合分公司常译为"affliate"。

国有企业常译为"state-owned"或"state-run"。如:"淮南国有食品公司"译为"Huainan State-owned Food Company"。

中外合资企业常译为"Sino-foreign joint venture"或者"Sino-foreign jointly-run"。但是有例外,如"中美矿业公司"可译为"Sino-American Mining Company"。

乡办、私人企业常译为“plant”，如“湖南乡办木器加工厂”，可译为“Hunan Township-run Wood Processing Plant”。

（四）地名、路名的翻译

中文地名的表述顺序是从大到小，而英文地名的表述顺序通常是由小到大。

街道等名称前有表示方位的词语时，一般将这些方位词放在街道名称前翻译。

二、产品说明书的翻译

产品说明书用来对各种产品做介绍说明，通过向顾客介绍产品构成、用法、特色、性能等，以达到宣传和销售的目的，兼具说明性和宣传性。

（一）产品说明书的词汇特征

1. 专业词汇的使用

产品说明书是一种产品的科学说明，在产品说明书里要使用大量的专业词汇，以避免误解。产品越复杂，产品说明书上所用的词汇可能越特别，如药品说明书、电子产品说明书及其他高科技产品说明书。专业词汇的翻译要准确无误。

2. 缩略语的使用

缩略语能用较少的文字传递丰富的信息。

例如，“CD”是“compact disc”的缩写语，这种简便的缩写风格易于为顾客所接受。

又如，以“LST”为例，无论它的意思是“Large Space Telescope”，还是“Low Solvent Technology”，都要根据特殊的语境而定。译者应考虑产品说明书的特殊语境，准确使用缩略语。

（二）产品说明书的句法特征

1. 名词性结构的使用

名词性结构，在句子中充当名词成分或单独成句，其目的是使句子结构简明扼要，把多条信息融于一体，符合逻辑，容易理解。名词性结构能给读者留下客观、专业的印象。

2. 祈使句使用频繁

产品说明书通常需要给顾客强烈情感的建议与劝说。在祈使句中，陈述的动作执行者应该是产品所涉及的读者或顾客，绝大多数祈使句的主语可以省略。

3. 一般现在时、一般将来时的运用

一般现在时和一般将来时经常用于产品说明书中。使用一般现在时，总体陈述客观事实，扼要介绍科学基本原理，准确地说明使用要点，可以避免产生误解。

4. 模板句的使用

产品说明书通常运用比较固定的句型，形成常见的模板句，以便使顾客容易理解。

（三）产品说明书的翻译技巧

1. 直译与意译

直译指将原文语法结构转换成最贴近的对等语，换言之，按照字词翻译，保持原文的意义和形式。

如原文："本光盘将安装重要的软件驱动，帮助您注册产品，安装《用户指南》。"译文："Install important software drivers.Help you register your product and install *the User Guide*."原文的成分与目标语是对等的，词汇位置也是对等的，译文从词汇到语法与原文都是对等的。

一种更广泛使用的翻译方法是一对一翻译，但是注意强调词汇的搭配意义和语境影响。如原文："将旅行充电器插入手机底部。将旅行充电器另一端的插头插入合适的电源插座。当手机充电完成时，将充电器拔出。"译文："Plug the travel charger into the bottom of your phone. Plug the other end of the travel charger into the appropriate electrical outlet. When your phone indicates 'Charge Complete', remove the travel charger."

产品说明书翻译的主要目的，不是为了记录原文的语法与词汇，而是向目标语读者传递产品信息。产品说明书的基本功能是提供信息。简明是产品说明书的基本语言特征。因此，译者常用直译这种翻译方法。

但是，在产品说明书翻译中，意译比直译用得更多，以迎合目标语的表达法，达到传递原文信息的目的。

如原文："全新配方的玉兰油滋润露，含有更多的滋润成分和更高效的补水系统。"译文："New formulated Olay Active Hydrating Lotion contains more moisturizing ingredients and more efficient Hydrating Delivery System."译文将原文中的不同词语译为同一词语。

又如原文："请刮开封条，获得您的充值密码。"译文："Please scratch the scratch area. You will see the recharge number."译文将原文译为两个句子。

2. 增译与省译

为了迎合目标语读者阅读的需求，在准确理解原文的前提下，译者可运用增译法。中英文语法之间存在很大的差别，如中文的无主句比英文多。在英文翻译中可以根据语境补充句子成分，增译法能保持语法结构的完整性。

如原文："（云南苦丁茶）开汤审评，清香四溢，经常泡饮，明目清心，止渴益神，减肥健美。"译文："（Kuding Tea from Yunnan）After you infuse it, the tea is full of delicate fragrance. Drinking often can not only quench your thirst, benefit your mind, but also make you slim, strong and handsome and clear your eyesight."

又如原文："速度快，可靠性强，是这部电脑的主要优点。"译文："Speed and reliability are the chief advantages of the electronic computer."

省译法与增译法相反，中文中描述的一些内容在英文中可以省略，旨在使译文简明扼要。

如原文："它保持了酱香浓郁、典雅细致、协调丰满、回味悠长等贵州茅台的特点。”译文：“It（Maotai）possesses the unique style and flavor and is an extensively enjoyable drink.”在译文中，译者将汉语的描述概括成简单句。

3. 套译

套译指的是使译文符合目标语的表达，如词类与句子成分转换、词序倒装、语态变换等，是为了使译文在忠实原文的基础上实现可读性。

如原文：“雅芳止汗香体露：特别温和配方，适合各类肤质，独特的清香，令身体全天保持干爽清新。”译文：“Avon Roll on Anti-Perspirant Deodorant：All-day deodorant and wetness protection. Keep under-arms dry and odor-free. Glides on smoothly.”

4. 分译与合译

分译与合译是两种相关的翻译方法。分译指的是将一个又长又复杂的句子拆分成简短的句子，其通常用于英译汉中，合译法则反之。限于篇幅，不再赘述。

三、商务信函的翻译

商务信函是一种在商务环境下，利用信函与具有不同文化背景的客户进行交流的商业行为，可以分为请求、拒绝、投诉、道歉、建议、感谢、慰问、邀请、祝贺等。

商务信函的写作特点有四个：

第一，语言简洁，一目了然。通常比较简短，直入主题，开门见山，就事论事。

第二，用词准确，严谨规范。用词必须准确、规范。称谓和结语等有各自固定的表达习惯。

第三，措辞礼貌，委婉客气。顾及对方的感受，在收到对方的询价、报价及订货等情况下，无论是否接受，都要回以礼貌的语言。

第四，使用专业术语和一些常用缩略语以及格式化的套语，这样可以言简意赅，节省时间，提高效率。

四、致词的翻译

致词是具有一定身份的人在特定场合中，如在迎送宾客、重大节日、重要会议、开业典礼等活动仪式或集会上，做出的发言。其主要作用是传递信息、交流感情、增进友谊、营造气氛等。常见的致词包括欢迎词（Welcoming Speech）、告别词（Farewell Speech）、开幕词（Opening Speech）、祝贺词（Congratulation Speech）、节庆致词（Celebrating Speech）等。

致词的写作有三个特征：

第一，条理清楚，层次分明。不能自由发挥，否则让听众觉得发言人逻辑混乱，从而造成理解困难。

第二，语言简洁，一般篇幅短小。为更好地感染听众和创造气氛，致词一般都会适当采用排比句式。

第三，引用适当，措辞礼貌。传递积极向上的正能量，并适当引用名人名言或者杰出人物的语言来激励听众。有了听众的积极回应，致词才会成功。

致词翻译技巧有四点：

第一，致词的场合不同，翻译的语言有所不同。政府代表团、公司高层会晤都比较正式，致词的形式上要求严谨，语言要求规范。非正式场合，基调轻松，语言比较随和。

第二，语言清楚易懂，句子简短精练。因此译文要具有一定程度的口语化。复杂的长句会影响听众的现场理解。

第三，在翻译典故、成语或格言时，尽量意译，把意思表达清楚，让听众听得顺畅。译文要活泼生动。

第四，多了解常用的外交辞令、客套语等。

主要参考文献

[1] 何静菁，武立有，赵艳静，等. 借“中国梦”浅议英文稿件中的China的规范表达[J]. 天津科技，2018(6)：101–103.

[2] 郭莹. 一带一路背景下汉语国际教育面临的机遇和挑战[J]. 知识经济，2019(10)：106，108.

[3] 贾云舒，武悦，张倩雯，等.“一带一路”核心词汇英译策略探究[J]. 纳税，2018(20)：214.

[4] 蒋艺. 从“‘一带一路’倡议”的英译比较看翻译的教学策略[J]. 课程教育研究，2018(25)：111–112.

[5] 杨婷宇. 基于语料库的商务英语翻译策略研究——以中外主流媒体“一带一路”相关文章为例[J]. 海外英语，2019(1)：129–130.

[6] 陈风华. 语料库视角下“一带一路”系统功能认知阐释[J]. 西安外国语大学学报，2016(4)：53–56.

[7] 邵斌,蔡颖莹,余晓燕.西方媒体视野中"一带一路"形象的语料库探析[J].当代外语研究,2018(4):40-47,108.

[8] 邵斌,回志明.西方媒体视野里的"中国梦"——一项基于语料库的批评话语分析[J].外语研究,2014(6):28-33.

[9] 张海凤."一带一路"倡议下地方高校商务英语课程体系探究——以唐山学院商务英语专业为例[J].教育教学论坛,2019(22):208-209.

[10] 张祺,李伟,刘阳."一带一路"背景下黑龙江省民办高校人才培养方案研究——以哈尔滨远东理工学院国际经济与贸易专业为例[J].山西农经,2019(5):51-52.

[11] 娄德欣.一带一路背景下英语翻译人才培养模式探究[J].福建茶叶,2019(2):113.

[12] 董盈溪."一带一路"背景下英语翻译人才培养思路及教学改革研究[J].开封教育学院学报,2018(2):82-86.

[13] 李丽辉."一带一路"背景下医学英语教学中大学生跨文化交际能力的培养研究[J].现代交际,2018(15):1-2.

[14] 吴国初."一带一路"倡议下中外茶文化对比与汉英翻译研究[J].福建茶叶,2018(6):440-441.

[15] 张法连."一带一路"背景下法律翻译教学与人才培养问题探究[J].中国翻译,2018(2):31-35.

[16] 袁晓宁.对归化和异化翻译的再思考——浅谈韦努蒂在归化和异化问题上观念的转变[J].东南大学学报(哲学社会科学版),2010(4):84-88.

[17] 兰冬秀.基于翻译适应选择视角下政治术语翻译分析[J].哈尔滨学院学报 2017(1):126-129.

[18] 邱大平.论政治话语外宣翻译取向的二元统一[J].中南大学学报(社会科学版),2018(6):205-212.

[19] 时闻,刘润泽,魏向清.政治话语跨文化传播中的"术语滤网"效应与术语翻译策略反思——以"一带一路"话语传播为例[J].中国外语,2019(1):79-88.

[20] 梁洁,孙志祥.国家形象传播视阈下中国特色政治话语翻译[J].海外英语,2019(5):139,161.

[21] 李伯利.生态适应观照下的中国政治话语翻译[J].重庆工商大学学报(社会科学版),2019(3):115-120.

[22] 张志勇.从政治话语英译谈新时期翻译的主体意识[J].兰州教育学院学报,2019(5):159-161.

[23] 苏小强.中国国际形象构建下政治话语的翻译研究[J].佳木斯职业学院学报,2019(1):220-221.

[24] 周蕾,徐文慧.翻译传播学视域下政治话语对外翻译研究——以《习近平谈治国理政》第二卷英译为例[J].华中师范大学研究生学报,2019(2):87-92.

[25] 孙宁,季智璇,王婷婷,等.推进政治文献翻译与传播研究,助力中国政治话语体系建设——第三届"中央文献翻译与研究论坛"综述[J].国外理论动态,2018(2):123-127.

[26] 袁赛男,李丹青.新时代对外政治话语体系构建的意义、困境与出路[J].中共石家庄市委党校学报,2018(8):32-35.

[27] 谢莉，王银泉. 中国国际形象建构视域下的政治话语翻译研究[J]. 外语教学，2018(5):7-11.

[28] 胡开宝，李婵. 中国特色大国外交话语的翻译与传播研究：内涵、方法与意义[J]. 中国翻译，2018(4):5-12.

[29] 熊婷. 政治话语翻译中译者的适应与选择——以《习近平谈治国理政》英译为例[J]. 兰州教育学院学报，2017(7)：151-154.

[30] 翟石磊. 话语认同与话语协调：论政治话语翻译中的国家意识[J]. 学术探索，2017(5)：28-34.

[31] 贾毓玲. 论对外政治话语体系的创建与翻译——再谈《求是》英译[J]. 中国翻译，2017(3)：96-101.

[32] 莫爱屏，黄祥，满德亮. 新型政治话语外译的策略研究[J]. 嘉应学院学报，2016(3)：69-73.

[33] 谢娜. 政治话语翻译的有效性探究[J]. 淮北师范大学学报(哲学社会科学版)，2016(3)：108-110.

[34] 韩月. 政治话语创新及其翻译可接受性研究[D]. 南昌：江西财经大学，2018.

[35] 何全平. 政治话语翻译中的权力建构[D]. 西安：陕西师范大学，2018.

[36] 王银泉. 做好政治话语翻译 提升国际话语权[N]. 学习时报，2017-11-27(4).

[37] 郭业洲. 高度重视中央文献翻译工作，构建融通中外的政治话语体系[J]. 马克思主义与现实，2014(4)：5-6.

[38] 窦卫霖. 中美官方话语的比较研究[D]. 上海：上海外国语大

学,2011.

[39] 王宣琦. 实用汉语翻译教程[M]. 武汉:武汉大学出版社,2009.

[40] 张传彪. 诗笔·译笔·钝笔——英汉语翻译与比较纵谈[M]. 北京:国防工业出版社, 2005.

[41] 毛正坎. 科技英语翻译方法 英汉语比较解析[M]. 北京:教育科学出版社, 1987.

[42] 聂继武,东万育. 科技英语翻译教程[M]. 北京:机械工业出版社, 1986.

[43] 阎庆甲. 科技英语翻译方法[M]. 北京:冶金工业出版社,1981.

[44] 浩瀚,马光. 轻松掌握英语翻译[M]. 北京:中国书籍出版社, 2001.

[45] 高桂莲,杨林主. 英语常用词的特殊用法与汉语常用词的翻译[M]. 银川:宁夏人民出版社, 2007.

[46] 周婷. 大学英语翻译技巧与实践教程[M]. 武汉:华中科技大学出版社, 2017.

[47] 田华. 英汉对比与翻译[M]. 沈阳:辽宁大学出版社, 2018.

[48] 许卉艳,姜桂桂,周英莉,等. 高级英汉互译与学术交流[M]. 北京:知识产权出版社, 2019.

[49] 张绍全. 法律术语的认知与翻译研究[M]. 上海:复旦大学出版社, 2018.

[50] 周道. 外贸英语函电[M]. 北京:对外经济贸易大学出版社,

2018.

[51] 李国南.英汉修辞格对比研究[M].北京:外语教学与研究出版社, 2018.

[52] 阮先玉.英汉学术语篇中的元话语对比研究[M].北京:中国原子能出版社, 2018.

[53] 张林影.当代西方主要翻译理论及其在文体翻译中的应用研究[M].北京:清华大学出版社, 2019.

[54] 吴冰.汉译英口译教程[M].北京:外语教学与研究出版社, 1995.

[55] 孙海晨.汉译英实用技能训练[M].北京:外文出版社, 1998.

[56] 罗志野.汉译英900句[M].长沙:湖南人民出版社, 2003.

[57] 谭云杰,沈金华.实用汉译英教程[M].长沙:湖南大学出版社, 2003.

[58] 刘牟尼.汉译英指南[M].哈尔滨:黑龙江科学技术出版社, 1987.

附　录　部分重要的汉语表达及其英语翻译

“度假外交”

（holiday-making diplomacy）

“十五”计划

（the Tenth Five-Year Plan）

“一带一路”倡议

（the Belt and Road Initiative）

安全考虑

（security consideration）

傲慢行为

（arrogant behavior）

把自己的意志强加于人

（impose one’s own will on others）

霸权主义和强权政治

(hegemonism and power politics)

办公厅

(General Office)

保卫国家主权和民族资源

(safeguard national sovereignty and national resources)

保卫主权和领土完整

(safeguarding our sovereignty and territory)

边界谈判

(boundary negotiation)

边界现状

(status quo of the boundary)

不附带任何条件

(never to attach any conditions)

不结盟国家/政策

(non-aligned countries / policy)

不受欢迎的人

(persona non grata)

采取惩罚行动

(take punitive actions)

采取高姿态

(show magnanimity)

采取协调行动

(take concerted steps)

常驻代表

(permanent representative)

诚实守信

(honesty)

创新发展

(innovative development)

创新型社会

(innovation-oriented society)

大学生村官

(little village offcial / college-graduate village official)

弹性外交

(elastic diplomacy)

党的领导水平

(the CPC leadership)

低调

(low keyed, a metaphor for taking a cautious and slow approach)

电话协商

(telephone negotiations)

对贫困人口而言，要实现“两不愁、三保障”，收入达到脱贫标准。

(We must guarantee the basic needs of food and clothing for those living in poverty and ensure that they have proper access to compulsory education, medical care, and safe housing, whilst working to raise their incomes above the poverty line.)

对无核区承担义务

(undertake obligations in respect of the nuclear-free zone)

21世纪海上丝绸之路

(the 21st Century Maritime Silk Road)

发展和平友好、平等互利、长期稳定的关系

(develop relations of peace and friendship, equality and mutual benefit, and prolonged stability)

反腐倡廉

(anti-corruption bid)

服务型政府

(service-oriented government)

附庸国

(dependency)

富贵不能淫,贫贱不能移,威武不能屈

(never be corrupted by wealth or status, depart from principle due to poverty or humble position, or bow down to power or force)

改革开放

(reform and opening up)

高层次、全方位的对话

(high-level and all-directional dialogue)

高举……旗帜

(uphold the principle of)

公认的国际关系原则

(generally-accepted principles of international relations)

公正合理的国际政治经济新秩序

(a fair and rational new international political and economic order)

苟利国家生死以,岂因祸福避趋之。

(Were it to benefit my country I would lay down my life; What then is risk to me?)

苟日新,日日新,又日新。

(If you can improve yourself in a day, do so each day, forever building on improvement.)

官方表述

(official statements)

国防开支

(defense expenditure)

国防预算

(defense budget)

国际关系中最起码的准则

(rudimentary code of international relations)

国际惯例

(international common practice)

国际聚焦

(international spotlight)

国家不分大小,应该一律平等。

(All countries, big or small, should be equal.)

国家发展计划委员会

(the State Development Planning Commission)

海峡两岸关系

(cross-straits relations)

行政权力监督

(institutional supervision on the exercise of power)

行政问责制

(administrative accountability)

毫无根据的媒体报道

(groundless media reports)

和而不同

(harmony in diversity)

和平发展

(peaceful development)

和平共处五项原则

(the Five Principles of Peaceful Coexistence)

互谅互让

(mutual understanding and mutual accommodation)

互通有无

(exchange of needed goods)

环太平洋地区

(Pacific Rim)

缓和

(detente)

基层监督

(grass-roots supervision)

基层社区

(grassroots community)

坚持改革开放

(adhere to reform and opening up)

坚持四项基本原则

(adhere to the Four Cardinal Principles)

建设有中国特色的社会主义理论

(the theory of building socialism with Chinese characteristics)

建设中国特色社会主义

(build Socialism with Chinese Characteristics)

解放思想、实事求是

(emancipating the mind, seeking truth from the facts)

进入新时代

(enter a new era)

经济体制改革

（reforms in the economic structure）

精准扶贫、精准脱贫

（targeted poverty reduction and alleviation）

开幕式致词

（opening speech）

科教兴国

（National Rejuvenation through Science and Education）

空谈误国，实干兴邦。

（Empty talk is harmful to the nation, while doing practical work will make it thrive.）

立即做出响应

（make an immediate response）

廉政准则

（code of ethics）

两岸和平与稳定

（cross-straits peace and stability）

领土管辖权

（territorial jurisdiction）

领土毗连

（territorial contiguity）

流血冲突

（bloody conflict）

没有主次，不加区别，眉毛胡子一把抓，是做不好工作的。

（Different problems cannot be solved by undifferentiated measures.）

秘书处

（secretariat）

民间外交

（people-to-people diplomacy）

民意调查研究者

（public opinion researcher）

民主党派

（political parties）

民主党派

（non-communist party）

民主集中制、党内民主

（democratic centralism, inner-Party democracy）

民主监督

（democratic supervision）

民族独立和人民解放

（national independence and the liberation of the people）

南北对话

（South-North dialogue）

南南合作

（South-South cooperation）

贫穷国家

(impoverished nation)

旗帜鲜明地反对腐败

(to strongly voice against corruption)

全方位外交

(multi-faceted diplomacy)

全国人大代表

(deputy to the National People's Congress)

全国人民代表大会

(National People's Congress, NPC)

全国人民代表大会常务委员会

(the NPC Standing Committee)

全国人民代表大会常务委员会办公厅

(the general offices of the NPC Standing Committee)

全国人民代表大会主席团

(the NPC Presidium)

永远在路上

(on our agenda)

全面建设小康社会

(build a moderately prosperous society in all aspects)

全面深化改革

(All-Round and Deeper-Level Reform)

全体会议

（plenary meeting）

全心全意为人民服务、立党为公、执政为民

（serve the people heart and soul, work for the public and assumes power for the people）

人生自古谁无死，留取丹心照汗青。

（Everyone will one day die; When my day comes, may my loyalty be inscribed in the pages of history.）

如履薄冰，如临深渊

（as if we were treading on thin ice or standing on the edge of an abyss）

三步走

（the three-step strategic plan）

三大攻坚战

（three critical battles against risk management, poverty reduction and pollution control）

"三个代表"

（the Three Represents）

"三农"工作

（the work related to agriculture, rural areas and farmers）

三通

（three direct links , i.e. , direct links in post, trade and transportation）

三严三实

（Three Stricts and Three Earnests）

上海精神

(Shanghai Spirit)

社会变革

(social transformation)

社会主义初级阶段

(in the primary stage of socialism)

社会主义核心价值观

(the core Socialist values)

社会主义制度

(socialist system)

伸张正义、主持公道

(adhere to principles and uphold justice)

神圣不可侵犯

(sacred and inviolable)

生态文明

(ecological civilization)

实事求是

(seek truth from facts)

世界各国一律平等,不能以大欺小、以强凌弱、以富欺贫。

(All countries are equal. The large, the strong, and the rich should not abuse the small, the weak, and the poor.)

司法公正

(judicial justice)

丝绸之路经济带

(the Silk Road Economic Belt)

四个全面

(the Four-pronged Comprehensive Strategy)

四个现代化

(the Four Modernizations)

四项基本原则

(the Four Cardinal Principles)

诉诸武力或以武力相威胁

(resort to the use or threat of force)

特别行政区

(special administrative region)

提案

(proposal)

提高政府工作透明度

(to increase transparency of government affairs)

天蓝地绿水清

(blue skies, green fields and clean water)

亚洲基础设施投资银行(亚投行)

(Asian Infrastructure Investment Bank, AIIB)

铁饭碗

(the Iron Bowl)

统计公报

（statistical communiqué）

推翻一个政权

（topple a regime）

推进生态文明

（ecological progress）

脱贫攻坚

（fight against poverty）

外交承认

（diplomatic recognition）

外交纷争

（diplomatic dispute）

外交攻势

（diplomatic offensive）

外交使团

（diplomatic mission）

外交政策的基石

（cornerstone of a country's foreign policy）

万国公法

（law of nations）

网络审查

（internet censorship）

维持外交关系

(maintain diplomatic relations)

维护人权和不断改善人权状况

(safeguard human rights and steadily improve the human rights situation)

维护世界和平

(safeguard world peace)

位卑未敢忘忧国

(Whatever my status, I will never lay aside my concern for the nation.)

文化自信

(cultural confidence)

无中生有

(make / create something out of nothing)

武装冲突

(armed conflict)

西方国家利益

(Western interests)

先天下之忧而忧,后天下之乐而乐。

(I wish to be the first to worry about the nation's woes and the last to share in its prosperity.)

宪法修正案

(amendments to the Constitution)

乡村振兴战略

(rural revitalization strategy)

小组讨论

（panel discussions / group discussions）

新闻发布会

（press conference）

雄安新区总体规划

（master plan for Xiong'an New Area）

选举法修正案

（amendment to the Electoral Law）

削减战略核武器会谈

（strategic arms reduction talks）

学而不思则罔，思而不学则殆。

（Reading without thinking makes one muddled; thinking without reading makes one flighty.）

亚洲文明对话大会

（Conference on Dialogue of Asian Civilizations）

一个中心、两个基本点

（one central task and two basic points）

一国两制

（One Country，Two Systems）

以经济建设为中心

（focus on economic construction）

以人为本

（put people first）

议案与提案

(motion and proposal)

用和平手段解决争端

(solve disputes by peaceful means)

与时俱进

(keep pace with the time)

语言冲突

(language conflict)

粤港澳大湾区

(Guangdong-Hong Kong-Macao Greater Bay Area)

长风破浪会有时,直挂云帆济沧海。

(Someday, with my sail piercing the clouds; I will mount the wind, break the waves, and traverse the vast, rolling sea.)

长期共存

(long-term coexistence)

长期社会安定团结

(long-term social stability and solidarity)

长三角区域

(Yangtze River Delta)

长治久安

(long-term peace and order)

正式照会

(formal note)

政府工作报告

(Government's Work Report)

政府声明

(government statement)

政贵有恒

(Consistency is valuable in governance.)

政务透明

(administrative transparency)

治大国若烹小鲜。

(Governing a big country is as delicate as frying a small fish.)

中俄新时代全面战略协作伙伴关系

(China-Russia comprehensive strategic partnership of coordination for a new era)

中国梦

(the Chinese Dream)

中国人民不信邪也不怕邪,不惹事也不怕事,任何外国不要指望我们会拿自己的核心利益做交易,不要指望我们吞下损害我国主权、安全、发展利益的苦果。

(Saber rattling cannot scare us Chinese. We do not make trouble, but when it comes, we will not back away. We will not let any country force us to betray our core interests or undermine our country's sovereignty, security and development interests.)

中国人民政治协商会议全国委员会

（National Committee of the Chinese People's Political Consultative Conference，CPPCC）

中国人民政治协商会议全国委员会常务委员会

（Standing committee of the National Committee of the CPPCC）

中华民族的伟大复兴

（the great rejuvenation of the Chinese nation）

中立国

（neutral state）

中央军事委员会

（Central Military Commission）

主席团

（presidium）

抓住机遇，深化改革

（seizing the opportunity，deepening the reform）

转换政府职能

（transferring the function of government）

走得再远、走到再光辉的未来，也不能忘记走过的过去，不能忘记为什么出发。

（No matter how far we go towards a bright future，we should not forget why we setout in the first place.）

最高人民法院

（Supreme People's Court）

最高人民检察院

（Supreme People’s Procuratorate）

全面两孩政策

（all couples can now have two children）

工匠精神

（the spirit of workmanship）

“双一流”

（world-class universities and world-class disciplines）

网络直播

（live streaming）

佛系

（Buddhist-style）

共享单车

（bicycle sharing）

获得感

（sense of benefit）

移动支付

（mobile payment）

点赞

（give a like）

自拍

（selfie）

自媒体

（We-media）

男闺蜜

（bromeo）

广场舞

（square dance）

房奴

（mortgage slave）

裸婚

（naked marriage）

千禧一代

（millennials）

网络文学

（online literature）

黄金周

（Golden Week）

后　记

莫道谗言如浪深，

莫言迁客似沙沉。

千淘万漉虽辛苦，

吹尽狂沙始到金。

这是唐代大诗人刘禹锡《浪淘沙》第八首的诗句。意思是，不要说流言蜚语如同急浪一样使人无法脱身，不要说被贬谪的人好像泥沙一样永远下沉。淘金要千遍万遍地过滤，虽然辛苦，但只有淘尽了泥沙，才会露出闪亮的黄金。刘禹锡屡遭贬谪，历尽坎坷，但斗志不衰，精神乐观，胸怀旷达，气概豪迈。在偏远的贬谪之地虽然历经千辛万苦，到最后终能显示出自己不是废沙，而是光亮的黄金。尤其是“千淘万漉虽辛苦，吹尽狂沙始到金”，更是让笔者百读不厌并细细思量。因为这里面道出了做学术的真谛：精心筛选，去其糟粕，取其精华。

《当代汉语和英语翻译研究》一书是我主持的2018年吉林省社会科学基金项目"'一带一路'战略下中国政治话语域外传播与翻译转换研究"的阶段性成果。从该项目申请立项之日起,笔者便投入大量的时间和精力。当时,自己不仅需要完成国外访学的任务,还要辅导孩子参加国内的中考,因此倍感力不从心。万幸的是,我的丈夫陈庆国先生始终在一旁支持我,帮助我,分担了家中的很多事情。学校领导、同事以及朋友们都给予我关心和帮助。在此书的整理过程中,我的学生也给予我极大帮助。在这里,一并表示感谢。

本书搜集的资料跨度大、数量多、来源广,特此向原素材的作者表示感谢。限于本人眼界有限,精力有限,研究水平亦有限,书中英汉翻译诸例如有不妥之处,欢迎读者批评指教,以便修订完善。不胜感谢!

唐利芹

二〇一九年八月二十八日

写于美国蒙大拿大学